JN327431

家族と。友人と。

みんなで集まる日のごはん

有元葉子

はじめに

ひとりごはんもいいけれど、人を自宅に招いて、一緒にごはんタイムを過ごす楽しみは格別です。私の場合は夕食にお招きすることが多いですが、昼ごはんだったり、ときには朝ごはんなんていうことも。

忙しい毎日を過ごしていると、無性に人をごはんに招きたくなってしまう性分のようです。食べることそのものというよりは、会話をしたり、音楽を聴いたり、仕事をしたり、誰かと一緒の時間が大切で、その場を盛り上げてくれるのが料理、だと思います。だから、招く側が料理にばかり集中してしまったのでは本末転倒。お客さまも招く側も、みんながよい時間を過ごすためには、作り慣れているものや、何度か作って自信のある、家族に好評な料理がよいのです。初めて作る料理や気張ったメニューは、作る側も緊張して疲れるし、食べる側も気を使ってしまいますから。

家での集まりを気軽にできるようになるには、いつものごはん作りがベースです。忙しくても、それなりに作り置きを工夫したり、前もっての下ごしらえや段取りを考えることを「いつものこと」にしておけばいいのです。付け焼き刃では難しい。ふだんをちゃんとしていれば、集まりの料理はその延長ですから、慌てることはありません。

言いかえれば、お客さまを招くようになると、ふだんの心構えも違ってくるし、スキルアップにつながるのです。それに、自分の家ならば、周りや時間も気にしないでリラックスできますので、よいことずくめ。
おおいに家での集まりをして、人との時間を大切にし、料理の腕もみがいて、人生をいきいきと過ごしたいものですね。

INDEX

Part 1

どんな集まりでもみんなが喜ぶ

華やか&簡単にできるイタリアン

Part 2

今日のお昼はうちで食べる？という気楽さで

簡単にできる和洋のランチ

Part 3

今、一番多い友だちパーティーのやり方です

持ち寄りだから気楽に集える

Part 4

生地と焼き方にひと工夫。みんなでワイワイ作るのが楽しい！

なんでものせて。3タイプのピッツァ

Part 5

大勢のときこそイタリアンが楽です

珍しいイタリアの野菜を味わう

Part 6

見た目は大人っぽく。でも、子どもも大好きなもので

家族が集まるとき

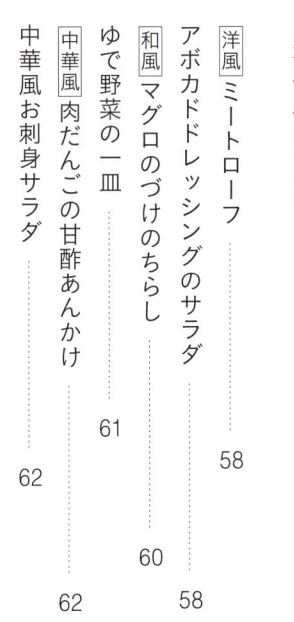

Part 7

旅先で味わった味は、旅の話題でにぎやかに盛り上がります

旅で覚えたアジアの料理をアレンジして

Part 8

山の家では、みんなで料理を作るのが楽しい!

ラフでダイナミックな料理が山の家の味

Part 9

うきうきと楽しい気分で集まる日に

誰もがうれしいごちそうちらしがメイン

■計量の単位

1カップ……200mℓ
大さじ1……15mℓ
小さじ1……5mℓ
1合……180mℓ

■この本の「だし」のとり方（でき上がり10カップ分）

かつお節……100g
昆布……10g
水……12カップ

①昆布に1cm幅で切り込みを入れて鍋に入れ、分量の水を注ぎ、ひと晩冷蔵庫におく。
②鍋を弱火にかけてゆっくりと低温で加熱する。昆布の表面からプツプツと泡が出てきたら引き上げる。昆布の味が十分出ているか、飲んでみて確認する。
③中火にして沸騰寸前まで温度を上げて火を止め、すぐにかつお節を入れて菜箸で沈め、そのまま7〜10分おく。
④ボウルにざるをのせ、ぬらしてかたく絞ったさらしのふきんを置き、③をあけてこす。雑味が出るので絞らないこと。

Part 10

寒い夜は、温かい鍋と日本酒がうれしい

シンプルな鍋を囲んで、冬の夜

Part 11

中鉢、小鉢で、つまみを楽しむ大人の集まり

日本酒を飲みつつ、あれこれつまむ和食

前菜、メイン、アラカルト11品

今回使った器のこと

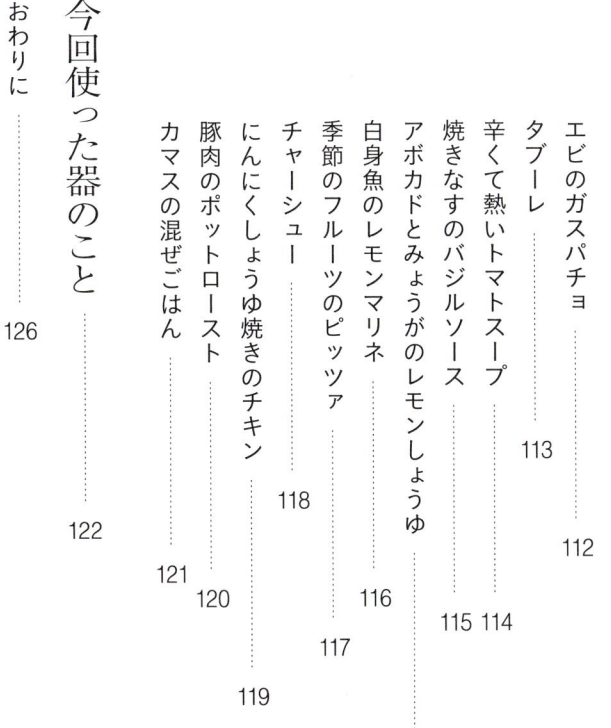

Part 1

どんな集まりでもみんなが喜ぶ
華やか&簡単にできるイタリアン

メニュー

ミニトマトのクロスティーニ、ガーリックとアンチョビのクロスティーニ

かぼちゃのニョッキ セージバターソース

パンチェッタ巻きサルシッチャと野菜のグリル

インサラータ・ヴェルデ

いちごとオレンジのレモンマリネ

人を招くとき、私はよく、イタリアンのおもてなしにします。
みんなイタリアンは大好きなので、とても喜ばれるし、なんといっても楽しい！
準備に時間がかからず、気軽にできるので、おもてなしにはベストです。
特に大勢のときは、一人、二人、人数が変わっても、融通がきくのも便利なところ。
簡単な料理だからこそ、素材や調味料が大事なので、質のいいものを選んでください。
今回のメニューは、スパイシーなひき肉を使った料理がメイン。これはつけ合わせの野菜も一緒に焼けるので、とても簡単で、見た目も華やかです。前菜はカナッペ的なクロスティーニをワインとともに。二皿目はパスタよりも大人数向きのニョッキに。
メインにはサラダを添えて、緑の野菜をたっぷりと。
デザートはフルーツをマリネするだけの簡単なものにし、レモンの香りをきかせます。
人数が多いときに注意することは、塩味をちょっと控えめにしておくこと。
塩味は人それぞれ好みが違いますし、なかには控えたい人もいるかもしれません。
最低ラインの塩加減にしておいて、食べるときに各自が好みでパラパラとふれるよう、テーブルに塩、こしょうとオリーブオイルをセットにして置いておくといいですね。

EGRINO
ARQUES
TURIA

最初に、盛りつける器や取り皿を出して、コーディネートしてみると、イメージしやすいですね。イタリアンには木（ここではオリーブ）のボードや華やかな色のガラス器もよく似合います。青いほうろうの浅鍋は、その昔買ったダンスクのもの。今は作られていないようです。木の取り皿はイギリスの知人に作ってもらったもの。パスタの皿は、イギリスの陶芸家、ジョー・ダブダさんのものです。

クロスティーニ2種

2種類のトッピングで楽しむクロスティーニは、カリッとした食感がポイント。ミニトマトはざっと種を取ると、水っぽくなりません。丸ごと焼いたにんにくは、甘みのあるペーストになるので、バゲットに塗って。白ワインとともにどうぞ！

ミニトマトのクロスティーニ

■材料（8枚分）

バゲット（スライス）…………………8枚
ミニトマト………………………20～25個
オレガノ(生)・ドライオレガノ…… 各少々
粗塩（あればフルール・ド・セル）……少々
オリーブオイル………………………適量
にんにく………………………………1片

■作り方

1 ミニトマトは横半分に切り、軽くしぼるようにして、ざっと種を取る(a)。オレガノ(生)は葉を摘む。
2 ボウルに①、ドライオレガノ、粗塩、オリーブオイル少々を入れてあえる。
3 バゲットはオーブントースターなどで焼き、半分に切ったにんにくの断面をこすりつける。オリーブオイルをかけ、②をのせる。

a

ガーリックとアンチョビのクロスティーニ

■材料（8枚分）

バゲット（スライス）…………………8枚
にんにく……………………………1～2玉
アンチョビ……………………………8枚
赤唐辛子を砕いたもの………………適量

■作り方

1 にんにくは皮つきのまま、上部を横に切る。ホイルに包んで、200℃のオーブンで30分くらい焼く。皮の中でにんにくがペースト状になっていればOK。
2 バゲットはオーブントースターなどで焼き、①のガーリックペーストを塗り、アンチョビをのせる。食べるときに、赤唐辛子を砕いたものを好みの量ふる。ガーリックペーストの残りは皿にも添える。

かぼちゃのニョッキ　セージバターソース

かぼちゃのニョッキは自然の甘みで、セージの香りと相性抜群！　かぼちゃは西洋かぼちゃで。
水っぽいかぼちゃはNGです。バターはおいしいものをセレクトするのが大事。ニョッキの形はあまり気にせず、
ラフに作って。一度にたくさんゆでられ、パスタより大人数向きです。生の状態で冷凍できます。

■材料（4〜5人分）

かぼちゃ……450g
卵黄……1個分
小麦粉（強力粉でも薄力粉でもよい。両方を混ぜてもよい）……150g
打ち粉(強力粉)……適量
塩・黒こしょう……各適量
〈セージバターソース〉
バター(有塩)……100g
セージの葉……適量

a

b

c

d

■作り方

1 かぼちゃは種とワタを除き、皮がかたいときは、皮をむきやすくするため、電子レンジに軽くかけ、皮をむく。適当な大きさに切り、耐熱容器にキッチンペーパーを敷いてかぼちゃを並べ、ラップをかけて7〜8分、柔らかくなるまで加熱する。熱いうちにフードプロセッサーに入れるか、マッシャーでつぶす。
2 ボウルに①、卵黄、小麦粉を入れてヘラでよく混ぜる(a)。 生地をひとつにまとめる（かぼちゃの水分量により、粉を加減する)。
3 台に打ち粉をして②の生地を取り出し、2〜3等分に分けて(b)、それぞれ直径約3cmの棒状にのばす。長さ2〜3cmに切り、指で押して真ん中をへこませる(c)。
4 セージバターソースを作る。フライパンにバターとセージの葉を入れ、弱火にかけてバターを溶かす。
5 熱湯に塩適量（パスタをゆでるときくらい）を加え、③を入れてゆでる。浮き上がってきたら、さらに1分ゆでて湯をきる。④のソースに加えてあえる(d)。
6 器に盛り、黒こしょうをふる。

パンチェッタ巻きサルシッチャと野菜のグリル

サルシッチャとは、イタリア語でソーセージのこと。スパイシーなひき肉をパンチェッタで巻いて、簡単なソーセージ風にしました。豚ひき肉は食べごたえのある食感にするため、肩ロースを細かくひいたものと、もも肉の超粗びきを混ぜます。野菜はにんじん、ブロッコリー、カリフラワーなどでもおいしく作れます。

■材料（約15個分、5人分）

〈パンチェッタ巻きサルシッチャ〉

豚肩ロースのひき肉(細かくひいたもの)……250g
豚もものひき肉(超粗びきにしたもの)……250g
A
- にんにくのみじん切り……3片分
- タイム(葉をちぎる)……適量
- フェンネルシード……大さじ1〜2
- 粗塩……小さじ1強
- 黒粒こしょう……大さじ1〜2

パンチェッタ（または生ハム、ベーコン、豚薄切り肉など）……15枚

〈野菜〉

じゃがいも（あればインカのめざめ）……4〜5個
ズッキーニ……2〜3本
ローリエ・ローズマリー……各適量
オリーブオイル・粗塩……各適量

■前もってしておくこと

サルシッチャのたねを作る。ボウルに2種類の豚ひき肉とAを入れてよく混ぜ、ラップをし、ひと晩冷蔵庫に。すぐ使うことも可。

■作り方

1 サルシッチャのたねを15等分し、それぞれやや細長くまとめ(a)、パンチェッタでぐるぐる巻く(b)。
2 じゃがいもは皮をむき、ズッキーニとともに厚めの輪切りにする(c)。オリーブオイルをかけ粗塩をふり、全体にからめる。
3 オーブンに入る浅鍋か、耐熱容器に①、②をぎゅうぎゅうに詰め、ローリエとローズマリーをはさみ込んでいく(d)。上からオリーブオイル大さじ2を回しかける。
4 210℃のオーブンで40〜45分、じゃがいもに竹串がすっと通るまで焼く。

a

b

c

d

サルシッチャから出るうまみたっぷりの肉汁を、じゃがいもに吸わせながら食べるとおいしい

インサラータ・ヴェルデ

これは緑のサラダという意味。フレッシュな豆やスプラウト、葉物を合わせ、
シンプルな味つけにして、それぞれ食感や風味の違いを楽しみます。
室温くらいで出すのがおすすめですが、暑い日は冷やしても。

■材料（4〜5人分）

さやいんげん……………………………150g
スナップえんどう…………………2パック
ブロッコリースプラウト…………1パック
ルッコラ…………………………2パック
サラダほうれん草……………………1束
ロメインレタス………………………適量
オリーブオイル………………………適量
ワインビネガー………………………少々
塩・こしょう……………………各適量

■作り方

1 さやいんげんとスナップえんどうは、筋を取り、それぞれゆでる。
2 ブロッコリースプラウトは根の部分を切る。
3 ルッコラ、サラダほうれん草、ロメインレタスは食べやすい大きさにちぎる。
4 ボウルに①〜③を入れ、オリーブオイル、ワインビネガー、塩、こしょうであえる。

いちごとオレンジのレモンマリネ

フルーツは生のままでなく、マリネするだけで簡単なデザートに。
いちごとオレンジを、レモンの酸味とグラニュー糖の甘みでいただきます。
フルーツはほかにメロン、ドラゴンフルーツ、バレンシアオレンジなどでも。

■材料（4人分）

いちご…………………1パック
ネーブルオレンジ………2個
レモン（国産・ノーワックスのもの）……………………1個
ラズベリー …………1パック
グラニュー糖……大さじ3
グランマニエ……大さじ2

■作り方

1 いちごはへたを取って半分に切る。
2 ネーブルオレンジは、包丁で上下を切り、外側の皮をむく。芯は包丁で切り取り、ばらばらにしておく。このときに出た果汁はとっておく。
3 レモンは皮をすりおろし、果汁を搾っておく。
4 ボウルにグラニュー糖、グランマニエ、③のレモン果汁、すりおろした皮の半量、②のネーブルオレンジ果汁を入れて混ぜ、①と②を入れてマリネする（すぐ食べてもいいし、1時間くらいおいてもいい）。
5 ④をラズベリーとともに器に盛り、残りのレモンの皮のすりおろしを散らす。

Part 2

今日のお昼はうちで食べる？という気楽さで
簡単にできる和洋のランチ

メニュー

お弁当感覚でできる
洋風ワンプレートランチ A
- ラムのソテー
- きゅうり、トマト、玉ねぎのハーブサラダ
- カステルーチョのレンズ豆
- すもものソルベ

いつもの材料でささっとできる
和風ランチ B
- 焼き鳥丼
- 沢煮椀風
- りんごのレモン煮

親しい人との気軽なランチなら、お弁当感覚でワンプレートに盛り合わせたり、お盆に定食風にセットするのも楽しいですね。途中、席を立たなくてもすむので会話が弾みます。
洋風のワンプレートは、にんにくやローズマリーでマリネしておいたラムチョップをソテーし、ハーブの香りのサラダとレンズ豆を添えます。レンズ豆はイタリアのカステルーチョ産のものがおすすめ！　粒が小さいタイプで、とてもおいしいのです。手に入らない場合は、ほかの産地の粒が小さいものか、ひよこ豆、白いんげん豆でも。レンズ豆をゆでている20分ほどの間に、サラダと肉を仕上げられるので、とても簡単。レンズ豆がごはん代わりですが、パンや玄米ごはんを合わせてもいいでしょう。
和風セットは柔らかい鶏むね肉を焼き鳥丼にしたもの。甘辛い味と山椒が食欲をそそります。沢煮椀には根菜やねぎなどのせん切りをたっぷりと。豚肉も少し加えてコクを出します。
どちらもデザートは、フルーツのシロップ煮を活用したもの。すもものソルベはシロップ煮の赤い汁を凍らせて、実とともにフードプロセッサーでなめらかに。りんごのレモン煮は作りたてもおいしいけれど、冷凍して半分凍った状態でお出ししても。フルーツのシロップ煮はいろいろな風に使えるので、いつも冷凍しています。

お弁当感覚でできる
洋風ワンプレートランチA

このワンプレートには赤ワインが合います。
盛り合わせるお皿は、リム（縁）の広い
大きめのミート皿がおすすめ！
大きいほうが盛り映えがしますし、
食べたときに満足感が出ます。
少し混ぜながら食べるのも
ワンプレートならではのおいしさです。

いつもの材料でささっとできる
和風ランチ B

お盆に焼き鳥丼の鉢と、沢煮椀をのせ、
豆皿に自家製の紅しょうがを添えて。
香りのいいほうじ茶とともにいただきます。
焼き鳥丼は2層に重ねてあるので、
どこを食べても味がなじんでいます。
お盆もお椀もざっくりとした黒の塗りでカジュアルに。

お弁当感覚でできる

洋風ワンプレートランチA

ラムのソテー

■材料（5〜6人分）

ラムチョップ…大5〜6本
（小の場合は10〜12本）

A
- つぶしたにんにく……………5〜6片分
- ローズマリー…適量
- 塩・こしょう…各適量
- オリーブオイル…適量

レモン…………2〜3個
（1人½個。全体の盛りつけのときに使用）

■前もってしておくこと

バットにラムチョップを並べ、Aを加えて全体にからめる。冷蔵庫に入れ、1〜2時間おく（ひと晩おいてもよい）(a)。

■作り方

1 ラムチョップを冷蔵庫から取り出して、室温にもどす。

2 フライパンを熱して①を並べ入れ、中火で両面に焼き色がつくまで焼き、好みの焼き加減に仕上げる。

3 レモンは半分に切っておく。1人あたり½個。

a

きゅうり、トマト、玉ねぎのハーブサラダ

■材料（5〜6人分）

きゅうり………………3本
フルーツトマト…7〜8個
紫玉ねぎ……………½個
イタリアンパセリ
………………………10本
香菜………………3〜4本

A
- クミンシード……………小さじ2
- 塩・こしょう…各適量
- オリーブオイル…適量

■作り方

1 きゅうりは皮を縦に縞状にむき、薄めの輪切りにする。フルーツトマトはくし形に切り、紫玉ねぎは薄切りにする。イタリアンパセリは粗みじん切りにする。

2 香菜はざく切りにする。

3 ボウルに①を合わせ、Aを加えてあえる。器に盛りつけるときに、香菜を加える。

■ワンプレートランチの盛りつけ

皿に「きゅうり、トマト、玉ねぎのハーブサラダ」、「カステルーチョのレンズ豆」、「ラムのソテー」を盛り合わせ、好みの葉もの（写真はわさび菜、分量外）、半分に切ったレモンを添える。レモンはラムに搾るだけでなく、サラダにも搾っていただく。

カステルーチョのレンズ豆

■材料（作りやすい分量）

レンズ豆（イタリア・カステルーチョ産のもの。手に入らない場合は、できるだけ小さな粒のもの）……………………2カップ
オリーブオイル………適量
粗塩（あればフルール・ド・セル）……………適量

■作り方

1 レンズ豆はさっと洗って鍋に入れ、かぶるくらいの水を注いで火にかける。沸騰したら弱火にし、アクが出たらアクを取り、柔らかくなるまで約20分ゆでる（レンズ豆が古い場合は、前もって1時間ほど水につけるか、ゆで時間を10分ほど延ばす）。食べてみて、好みの柔らかさになっていれば、ざるに上げて水気をきる。

2 ①をボウルに入れ、オリーブオイルを回しかけ、粗塩をふって味を調える。

デザート

すもものソルベ

■材料（作りやすい分量）

すもも（サンタローザなど）……………………1パック
〈シロップ〉
水とグラニュー糖が3：2で各適量（甘さはお好みで）

※煮汁を凍らせておけば、実はなくてもOK。

■作り方

1 すもももはよく洗ってヘタを取り、皮はむかず、鍋に入れる。かぶるくらいの水を注ぎ、左記のシロップ割合でグラニュー糖を加え、火にかける。沸騰したら弱火にし、オーブンシートなどで落としぶたをして柔らかくなるまで煮る。

2 ①をすももと煮汁に分け、煮汁はバットに流し入れ冷まし、冷凍庫で凍らせる。すももは種を除く。

3 フードプロセッサーに②のすももと凍った煮汁を入れ、なめらかに攪拌する（煮汁のみでもよい）。バットに流し入れ、再び冷凍庫で凍らせる。

4 ③を取り出し、少し柔らかくしてから器に盛る。

いつもの材料でささっとできる
和風ランチB

■和のランチの盛りつけ
折敷に「焼き鳥丼」と「沢煮椀風」をのせ、紅しょうがを添える。ほうじ茶を添えていただく。

焼き鳥丼

■材料（5～6人分）
鶏むね肉……………………………3枚
A｜酒・みりん・しょうゆ
｜…………………………各1カップ
玉ねぎ………………………………1個
ごはん……………………茶碗5～6杯分
もみのり……………………………適量
粉山椒………………………………適量

■作り方
1 Aを鍋に入れて火にかけ、煮立ったら弱火にし、少しとろっとするまで煮詰める。
2 鶏むね肉は網焼きし、両面にこんがりと焼き色をつける。①の鍋に入れ、たれをからめ(a)、5分ほど煮て火を通す。
3 玉ねぎはくし形に切って、網で焼く。
4 ②の鶏むね肉を厚さ7～8㎜にスライスする。

a

※網焼きのときは、しっかり火が入っていなくてOK。煮て火を通します。

■盛りつけ
丼に盛りつけるときは、すべて1人分の半量ずつを2層にして盛りつける。1人分のごはんの半量を盛り、もみのりを敷き、③の玉ねぎと④の鶏むね肉の半量をのせる。これをもう一度、繰り返す。②の煮汁を上から少しかけ、粉山椒をふる。

沢煮椀風

■材料（5～6人分）

豚バラ肉（薄切り）……50g
にんじん……½本
大根……3cm
ごぼう……10cm
長ねぎ……½本
絹さや……50g
酢……少々
だし……5～6カップ
A 塩……少々
　しょうゆ……少々

■作り方

1 豚バラ肉はせん切りにする。
2 にんじんと大根は皮をむき、それぞれせん切りにする。
3 ごぼうもせん切りにして酢水にさらし、洗って水気をきる。
4 長ねぎは白髪ねぎにして、水にさらし、水気をきる。
5 絹さやは筋を取り、せん切りにする。
6 鍋にだしを入れて火にかけ、温まったらAで味つけする。①の豚肉を入れて火を通し、にんじん、大根、ごぼうを加えてさっと煮る。
7 お椀に⑥の具を盛り、鍋の汁に④の白髪ねぎと⑤の絹さやを入れ、少ししんなりさせる。汁をお椀に注ぎ、白髪ねぎと絹さやをのせる。

デザート

りんごのレモン煮

■材料（5～6人分）

りんご（紅玉）……2個
レモン汁……大1個分
グラニュー糖……大さじ4～5

■作り方

1 りんごは、皮ごとくし形に切って、芯を取る。
2 ①を平鍋にきっちりと並べ、レモン汁を回しかけ、グラニュー糖を全体に均等にふり、しばらくおく。
3 ふたをしないで②を中火にかけ、10分ほど煮る。汁気が減ってきて、泡が大きくなってきたら、火を止めてそのまま冷ます。
4 そのままでも食べられるし、密閉容器に入れて冷凍してもよい。冷凍した場合は、取り出して少し溶かし、ソルベのような半氷状態で食べる。

今、一番多い友だちパーティーのやり方です

持ち寄りだから気楽に集える

Part 3

メニュー

ローストチキンの豪快サンド

カレー風味ミートパイ

野菜の細巻き寿司

揚げ魚、紫玉ねぎのオリーブマリネ

揚げ野菜のスパイスひき肉ソース

牛肉のイタリア風たたき　グリーンソース

魚介のマリネ

持ち寄りパーティーにどんな料理を持っていけばいいか、悩む方も多いようですね。

いくつか条件があって、たとえば、時間がたってもおいしいもの、水分が出にくいもの、
途中まで下ごしらえができるもの、持ち運びやすいもの、などなど。

また、幅広く人気があるもの、サプライズがあって、場が盛り上がるものもいいですね。

肉はかたまりのまま焼いて、そのまま持っていけるのが便利な点。仕上げは先方ですると
いいでしょう。ローストチキンはほぐして、クレソンとパンにはさんで、豪快サンドに。
牛肉のたたきは、先方で切り分けて、一緒に持っていくグリーンソースをかけます。
バットで焼いて、そのまま持っていけるのが、カレー風味ミートパイ。食べやすいよう、
あとでひとつずつ切り分けます。野菜の細巻き寿司は、ふたを開けたときに「わーっ」と
歓声が上がるサプライズの一品。進物の木箱を再利用したり、お重に入れて運んでも。
揚げ野菜のスパイスひき肉ソースは、水分が少ないので持ち運びやすいのがいいところです。
白ワインにぴったりの、揚げ魚のイタリア風のマリネや、
簡単なわりにごちそう感が出る魚介のマリネは、
作ってから少し時間をおいたほうがおいしくなるので、持ち寄りにはぴったりです。

ローストチキンの豪快サンド

ローストチキンはできれば早めに焼いておくのがポイント。焼きたてより、いったん冷めたほうが、独特のいい香りがして断然おいしい！　焼くときは余分な脂が下に落ちるよう、大きめのフライパンや天板に網を敷いて。サンドイッチは、先方で作るか、または切ってバスケットで持っていっても。

■材料（作りやすい分量）

丸鶏（1.7～1.8kgくらいのもの）……1羽
塩…………………適量（鶏の重量の2％）
にんにくのすりおろし…………3～4片分
オリーブオイル………………………適量
ローズマリー……………………5～6本
バゲット………………………………1本
クレソン………………………………適量
粗い粒塩・こしょう…………………各適量

※サンドイッチには、ローストチキンは適量使ってください。

■前もってしておくこと

- 丸鶏は縦半分に切り、全体に塩をすり込み冷蔵庫にひと晩おいておく。
- 当日はオーブンを210℃に予熱。

■持っていく&盛りつける

- 近所であれば、焼いた鍋ごとアルミホイルでカバーして持っていき、先方でサンドにし、切り分ける。大きな鶏は、パーティーらしいサプライズになる。サンドにせず、そのまま食べてもおいしい。
- ⑥を1人分くらいの大きさに切り分け、オーブンシートなどで包み、バスケットに入れて持っていってもよい。

■作り方

1 冷蔵庫にひと晩おいた丸鶏の水気をよくふき取り、にんにくのすりおろしを全体にすり込む。手にオリーブオイルをつけて、まんべんなくマッサージする。
2 丸鶏の足の関節部分がよく焼けるよう、竹串を刺して広げる(a)。
3 オーブンに入る大きいフライパンや天板に網を敷き、その上に②をのせ、ローズマリーを全体にのせる。
4 210℃に予熱したオーブンに入れ、50分～1時間、皮がカリッとなるまで焼く。
5 サンドイッチ用に、④を冷まして適量を粗くほぐし、粗い粒塩、こしょうをふる。
6 バゲットに深く切れ目を入れ、⑤の鶏肉と茎をもぎ取ったクレソンをはさむ。

※ローストチキンの残りはそのまま食べたり、サラダなどに入れても。

a

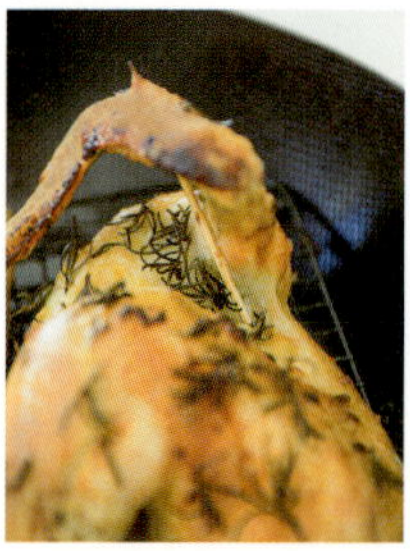

カレー風味ミートパイ

市販の冷凍パイ生地を使った、ビールやワインに合うおつまみ。
大人も子どもも好きな味で、焼きたてもいいけれど、冷めてもおいしい。
バットで作ってバットごと運べ、汁気も出ないので、電車で行くときでも安心です。

■材料（16切れ）

豚ひき肉……400g
じゃがいも……2～3個
玉ねぎ……1個
にんにく……1片
オリーブオイル……適量
A | カレー粉……大さじ3½
 | クミンパウダー……大さじ½～1
 | 塩・こしょう……各適量
 | 小麦粉……大さじ2
牛乳（またはスープ）……½カップ
パイシート（市販）……2枚
塩・黒こしょう・タイム……各適量
卵液（卵黄1個分＋水少々）……適量

■前もってしておくこと

オーブンを200～210℃に予熱しておく。

■持っていく&盛りつける

●バットごと、ラップをかけて持っていく。
●入れた切れ目に沿って切り分け器に盛る。

■作り方

1 じゃがいもは丸ごとゆでて皮をむき、スライスする。
2 玉ねぎとにんにくはみじん切りにする。
3 フライパンにオリーブオイルを熱し、②を入れて炒め、豚ひき肉、Aの順に加えて炒める。牛乳を加えて混ぜ、ひき肉どうしがまとまる感じになったら火を止める。
4 オーブンに入れるバットの大きさに合わせて、パイシート1枚をめん棒でのばす。バットの底にオーブンシートを敷き込み、パイシートを敷いて、フォークで全体に穴をあける。同じ大きさのバットをその上にぴったり重ね、200～210℃に予熱したオーブンに入れて10分ほど焼く（または、パイ用の重しを敷いて焼いてもよい）。
5 ④を取り出して上のバットをはずし、再度オーブンに入れ、焼き色がつくまで8～10分焼く。
6 ⑤を取り出し、①のじゃがいもを崩しながら全体にのせる。塩、黒こしょうをふり、③を全体にのせて押しつけながら平らにする。
7 もう1枚のパイシートをバットの大きさに合わせてのばして⑥にかぶせ、卵液をはけでぬる。16分割に軽く切れ目を入れ、ひとますごとにタイムをのせる。200～210℃のオーブンで約30分こんがりと焼く。
8 バットごと自然に冷ます。（あつあつを食べてもおいしい）

野菜の細巻き寿司

野菜の持つ自然の色合いが美しい、ひと口サイズの細巻き。おつまみにもいいし、ごはん代わりにも。野菜だけでなく、じゃこやつくだ煮など、なんでも身近なもので作れます。今回はカステラの空き箱に笹を敷いて詰めました。ふたを開けたとき、歓声が上がりますよ！

■材料（13本分）

米……………………………………………3合

〈合わせ酢〉

酢…………………………大さじ5 ½〜6

砂糖……………………………大さじ2

塩………………………………小さじ⅔

〈中の具〉

A｜にんじんのごく細いせん切り…小½本分
　｜塩……………………………………少々
　｜白ごま………………………………適量

B｜きゅうりのせん切り……………1本分
　｜塩……………………………………少々
　｜白ごま………………………………適量

C｜しょうがのせん切り…………1かけ分
　｜梅酢（市販）・白ごま……………各適量

D｜削り節……………………2〜3パック
　｜しょうゆ……………………ごく少々

E｜野沢菜漬けのみじん切り…………適量
　｜赤唐辛子の小口切り……………少々

のり（½サイズ）……………………13枚

■作り方

1 米はすしめし用の水加減で炊く。

2 合わせ酢の材料を混ぜ、砂糖と塩を溶かしておく。

3 Aのにんじん、Bのきゅうりはそれぞれ塩をふってなじませ、重しをして15〜20分おく。出てきた水分をよく絞る。

4 Cのしょうがは梅酢につける。

5 Dの削り節にほんの少しずつ、しょうゆをたらして混ぜ、さらさらの状態に仕上げる。Eは混ぜておく。

6 ①が炊き上がったら飯台などに移す。ごはんが熱いうちに②の合わせ酢を回し入れ、底から返しては切るように手早く混ぜ合わせ、うちわであおぎながら冷ます。80 gずつ計って、13本分用意する。

7 巻きすの上にのりを横長におき、⑥のすしめしをのりの先端2㎝幅を残して広げる。A〜Eの具をそれぞれのせて、巻きすの手前を持ち上げて細く巻く(a)。

a

■持っていく&盛りつける

● 重箱または木の空き箱に笹を敷く。細巻き寿司を箱の深さに合わせて切り、切り口を上にして彩りよく詰めて持っていく。

● そのままテーブルへ。ふたを開ける瞬間が見せ場。

揚げ魚、紫玉ねぎのオリーブマリネ

イワシをオリーブオイルで揚げて、紫玉ねぎやドライトマトなどとマリネしたもの。
洋風の南蛮漬けですが、甘酸っぱさは、お好みで調節してください。
魚は、アジなど青背の魚や白身魚でも。白ワインのおつまみにおすすめです。

■材料（5〜6人分）

イワシ……………………………5〜6尾
塩 ……………………………………少々
小麦粉・オリーブオイル……………各適量
紫玉ねぎ（または玉ねぎ）………… ½個
あればドライトマト（市販のオイル漬け）
……………………………………5〜6枚
グリーンオリーブ（種抜き）……10〜15粒
A｜メープルビネガー（ワインビネガーの場合はメープルシロップのエキストラライトを大さじ1か砂糖小さじ1½を加える）
……………………………………⅓カップ
｜ラム酒漬けのレーズン………大さじ4
｜オリーブオイル…………… ⅓カップ
｜赤唐辛子を砕いたもの………1本分
｜こしょう…………………………適量
フェンネル（またはイタリアンパセリ、ディルでも）…………………………適量

■前もってしておくこと

イワシは三枚におろし、塩をして冷蔵庫に入れ、1〜2時間おく（ひと晩おいても可）。

■作り方

1 イワシは水分をふき取り、小麦粉を薄くまぶす。
2 揚げ鍋にオリーブオイルを入れて170℃に熱し、①を入れて揚げる。
3 紫玉ねぎは粗みじん切りにし、ドライトマトは縦に細長く切る。
4 バットにAを入れて混ぜ、②、③、グリーンオリーブを加え、1〜2時間マリネする(a)。

※すべてを前の日に作っておいてもOK。

a

■持っていく＆盛りつける

●マリネは密閉容器に入れ、フェンネルとともに持っていく。
●器に盛り、ちぎったフェンネルをのせる。

揚げ野菜のスパイスひき肉ソース

この料理の主役は、スパイスひき肉ソース。ここでは持ち運びに便利な揚げ野菜と混ぜて、
ごはんとともに食べるスタイルで。麺と合わせてもおいしいですよ。
がっつりした味は、男性も満足できるひと皿です。

■材料（5〜6人分）

牛ひき肉（または合いびき肉）………400g
にんじん………1本
ごぼう………1本
れんこん………1節
オリーブオイル………適量
A
- にんにくのみじん切り………1片分
- 塩………小さじ1
- しょうゆ………適量
- クローブ（粒・パウダー）…各小さじ1
- クミン（シード・パウダー）…各小さじ1
- カイエンヌペッパー（パウダー）適量

ごはん………適量
ミント………適量

■作り方

1 にんじん、ごぼう、れんこんはそれぞれ皮ごとたたき、細長く割って切り分ける。
2 揚げ鍋にオリーブオイルを入れて170℃に熱し、①を入れてカリッとするまで揚げる。
3 フライパンにオリーブオイル小さじ1を熱し、ひき肉を入れてカリカリになるまで炒め、Aを加えて炒める。味付けはやや濃いめに。

■持っていく&盛りつける

- ②は密閉容器にキッチンペーパーを敷いて入れ、③とごはんはそれぞれ密閉容器に入れ、ミントとともに持っていく。
- 器にごはんを盛り、②と③を混ぜてのせ、ミントを散らす。

牛肉のイタリア風たたき
グリーンソース

フライパンでさっと火を入れた牛肉に、
さわやかな香りのハーブのソースをかけて。
和風にしたいときは、ゆずこしょうや
わさび、辛子、しょうゆなども合います。

■材料（4〜5人分）

牛肉（ランプ、または内もものかたまり）
……………………………………………500g
オリーブオイル………………………適量
〈グリーンソース〉
ディル・イタリアンパセリの葉
…………………………各両手にいっぱい
オリーブオイル…………………½カップ
にんにく………………………………1片
塩………………………………小さじ½

■前もってしておくこと

牛肉は冷蔵庫から出して、室温にもどしておく。

■作り方

1 フライパンにオリーブオイルを熱し、牛肉を入れる。表面に焼き色がつくまで各面を返しながら、中火で8〜10分焼く。
2 ①をすぐアルミホイルで包み、余熱で火を通す。肉汁が落ちるので、バットにのせて冷ます。
3 グリーンソースの材料をすべてフードプロセッサーに入れ、ピューレ状になるまで攪拌する。

■持っていく&盛りつける

- ②の肉はアルミホイルに包んだまま密閉容器に入れ（汁が落ちるので）、グリーンソースは空きびんに詰めて持っていく。
- 肉を薄く切り分け、器に盛ってグリーンソースをかける。

魚介のマリネ

見た目が華やかなこの料理は幅広く
人気があります。時間がたつとおいしくなるので、
前日に作っておいてもOK。トマトと合わせることで、
フレッシュ感が出ます。

■材料（4人分）

有頭エビ（活き。または無頭冷凍でも可）……大4尾
アサリ（殻つき）……500g
イカ（今回はヤリイカ）……1杯
フルーツトマト……3個
イタリアンパセリのみじん切り……適量
白ワイン・塩・こしょう……各適量
〈マリネ液〉
紫玉ねぎ……½個
にんにくのすりおろし……1片分
レモン汁……少々
オリーブオイル……⅓カップ
塩・こしょう……各適量
唐辛子のみじん切り……1本

■持っていく&盛りつける

- マリネとフルーツトマトをそれぞれ別の保存容器に入れ、イタリアンパセリとともに持っていく。
- くし形に切ったフルーツトマトとイタリアンパセリのみじん切りを加えて混ぜ、塩、こしょうで味を調えて、器に盛る。

■前もってしておくこと

アサリはバットに入れ、海水の濃度の塩水をアサリの⅔の高さまで入れてふたをし、冷蔵庫でひと晩砂出しをしておく。

■作り方

1 エビは、背ワタを取る。アサリは殻をこすり合わせてよく洗う。
2 イカは皮はむかず、内臓や軟骨を除くなどの下処理をして、胴は1cm幅の輪切り、足は適宜切り分ける。
3 マリネ液の紫玉ねぎはせん切りにし、水にさらして水気をきる。
4 鍋に①のエビとアサリを入れ、白ワイン、塩を加えてふたをし、中火にかける。アサリの口が開いたら、②のイカを加えて混ぜ、さっと火を通して火を止める。
5 ボウルに③とマリネ液の残りの材料を入れて混ぜ、冷ました④を加えて1～2時間以上マリネする。

Part 4

生地と焼き方にひと工夫。みんなでワイワイ作るのが楽しい！
なんでものせて。3タイプのピッツァ

メニュー

- サラミ、モッツァレラ、トマトソースのピッツァ
- オリーブ、紫玉ねぎ、パプリカのマリネ
- プロシュートとルッコラのピッツァ
- にんにくとアンチョビ、イタリアンパセリのピッツァ

お客さまと一緒に、みんなでワイワイ料理を作りながら楽しむ会というのもいいですね。

それにぴったりなのが、ピッツァ・パーティーです。生地は発酵させるところまで準備しておき、お客さまにはのばすところから参加してもらうと、楽しさも2倍に。

ピッツァは何をトッピングしてもいいので、上にのせるものをいろいろ用意しておき、各自が好きなものをのせて焼いていきます。人によって個性が出て、アイデアもあり、多少失敗してもそれもまた楽しいもの。一枚一枚、仕上がるたびに笑い声が絶えないほど、場が盛り上がることでしょう。ここでは人気の高い3種類のピッツァと、おつまみになる簡単な野菜マリネをご紹介。ワインやビールなど、飲み物もお好きなものをどうぞ。

ピッツァ生地は、ナポリのピッツァ職人の作り方を家庭でも作れるように工夫したもの。

冷蔵庫で発酵させる「低温長時間発酵」の方法なら、前日に生地の準備ができるので便利。

低温、または室温で発酵させた生地は、冷蔵庫で3〜4日おいておけます。

家庭用のオーブンはピッツァには温度が低いといわれますが、ピッツァ窯に似た状況を作り出す工夫をすれば大丈夫！　天板をオーブンの棚にはめるのではなく、下に直接置いて最高温度まで予熱し、そこに生地を滑らせて入れると高温で焼けますよ。

生地さえ作れば、のせるものはなんでも!

(上) 次ページで作った生地。縁のある、もっちりしたナポリ風
(左) 右上より時計回りに、イカ、タコ、エビ、アンチョビ、イタリアンパセリ、バジル、オレガノ、マッシュルーム、なす、にんにく、トマト、ミニトマト、ピーマン、赤パプリカ、紫玉ねぎ、ケッパー、オリーブ、モッツアレラチーズ、トマトソース、タレッジオチーズ、ゴルゴンゾーラチーズ、ナポリサラミ、グラナパダーノチーズ、生ハム、ルッコラ

ナポリ風基本のピッツァ生地（低温長時間発酵）

家庭用のオーブンで焼くためには、直径 20㎝のサイズがベスト。
生地の水分量は、季節によって変わるので、水分量を固定して、粉を加えていく方法で調整します。
失敗することはない生地なので、形もあまり神経質にならなくても大丈夫です。

■材料
（直径約20㎝1枚分、作る枚数によって分量を掛け算してください）

A	強力粉	60g
	薄力粉	60g
	ドライイースト	2g
	グラニュー糖	小さじ1
水		100mℓ
打ち粉（強力粉）		適量

1 Aの材料をボウルに入れて混ぜ合わせ、ざるを通してふるっておく。

2 別のボウルに分量の水を入れ、①の粉を少しずつ加えながら混ぜていく。ダマにならないよう手首を前後にふり、混ぜる。

3 気温や湿度によって、水と粉の分量の関係は変わってくるので、粉を少しずつ入れては混ぜ、様子を見る。

4 手にベタベタとくっついて、生地がよくのびる感じになったらOK。生地の様子を見て、①の粉を残してもよい。

5 生地の混ぜ終わりの状態。ボウルの中でひとつにまとめる。粘りはあるが、かなり柔らかい状態。

6 生地を打ち粉をした台に取り出す。この時点ではかなり柔らかくても大丈夫。

7 扱いやすくするため、手粉をふる。台の上でこねて、赤ちゃんの耳たぶくらいの柔らかさにする。

8 台の上でこねたあと手にとり、生地を外側に張らせるようにして丸める。表面がなめらかになるまで、何度か繰り返す。

9 複数枚分作った場合はここで分割して丸める。約２倍に膨らむので余裕のある容器に入れてふたをし、冷蔵庫へ。

10 写真は３枚分を冷蔵庫でひと晩低温長時間発酵させた状態。低温発酵の場合は生地を室温にもどす。

11 台の上にオーブンシートを敷いて、打ち粉をし、スケッパーに粉をつけ、１枚分取り出す。

12 手粉をごく少なくつけて生地を丸め、打ち粉をしておいたオーブンシートの上に置く。

13 中心から外へ向かって、手のひらで平たくのばしていく。

14 直径約 20cmの大きさになるよう、のばしていく。縁に土手のように高い部分を作るように形作って仕上げる。

室温発酵の場合

プロセス９で生地をひとつに丸める（複数枚分でもひとつに）。余裕のある容量のボウルに、オリーブオイル少々（分量外）を塗る。生地をボウルに入れてラップをふわっとかけ、約 30℃の室温で約１時間、３倍くらいになるまで発酵させる（P.50 写真 a 参照）。複数枚分作った場合は、発酵後、分割する。プロセス 12 以降は同様に。

サラミ、モッツァレラ、トマトソースのピッツァ

とろりと溶けたモッツアレラとトマトソースがおいしい、みんなが大好きな組み合わせ。
最近、手に入りやすくなった「パッサータ」を使うと、トマトソース作りも簡単です。
ピッツァが載る小さな木の板、たとえば食品の木箱のふたなどがあると、扱いやすくなります。

■材料（直径約20cm 1枚分）

のばしたピッツァ生地（P.40〜41）…1枚分
サラミ（スライス）…………………7〜8枚
モッツァレラチーズ……………………1個
オレガノ（またはバジル）………………適量
オリーブオイル………………………適量
〈トマトソース、作りやすい分量〉
パッサータ（市販の煮たトマトの裏ごし）
……………………1びん（500〜700g）
（またはダイストマトの水煮缶
………………………………400g×2缶）
にんにく（つぶす）…………………1〜2片
塩………………………………ひとつまみ

■前もってしておくこと

天板をオーブンのいちばん下に置き、300℃に予熱する（最高温度がこれより低い機種は、そのオーブンの最高温度に設定）。

■作り方

1 トマトソースを作る。トマトソースの材料を鍋に入れ、少し煮詰めて冷ます（一部を使う）。
2 のばしたピッツァ生地（P.41）のまわりのオーブンシートは、はさみで切っておく。
3 生地に、①のトマトソース¼〜⅓カップを塗り、サラミ、ちぎったモッツァレラチーズ、オレガノをのせる(a)。
4 オーブンに入れやすいよう、薄い木の板などにのせ、最高温度に予熱したオーブンの天板に滑らせて入れる(b)。チーズが溶けるまで4〜5分、様子を見ながら焼く。
5 焼き上がったら天板ごとオーブンから取り出し、焼けたピッツァとシートの間に薄い木の板をくぐらせて、皿の上にのせる(c)。

※余ったトマトソースは小分けにして、冷凍庫で1カ月ほど保存できます。

パッサータ
煮たトマトを裏ごししたもの。味付けをしていないのでパスタや料理に便利。ぜひイタリア産を！

a

b

c

オリーブ、紫玉ねぎ、パプリカのマリネ（写真P.37）

■材料（4〜5人分）

グリーンオリーブ……………………20粒
紫玉ねぎ…………………………………1個
パプリカ（赤）…………………………½個
にんにく…………………………………1片
塩…………………………………………少々
A ｜ローリエ（生）…………………4〜5枚
　｜フェンネルシード…………小さじ1
　｜ワインビネガー…………………少々
　｜オリーブオイル…………………適量

■作り方

1 紫玉ねぎは1cm幅のくし形に切り、塩をふってしばらくおき、水分をしぼる。
2 パプリカはヘタと種を取って1cm幅のくし形に切り、にんにくは包丁の腹でつぶす。
3 ボウルにグリーンオリーブ、①、②、Aを入れてマリネする。

プロシュートと
ルッコラの
ピッツァ

上質のオリーブオイルをたっぷりかけて、
生地だけを香ばしく焼き、
生ハムとルッコラをのせて食べる
フレッシュなピッツァ。
トッピングは各自が好きな量をのせて。

■材料（直径約20cm 1枚分）

のばしたピッツァ生地（P.40～41）
……………………………………1枚分
プロシュート………………………適量
ルッコラ……………………………適量
オリーブオイル……………………適量

■前もってしておくこと

天板をオーブンのいちばん下に置き、300℃に予熱する（最高温度がこれより低い機種は、そのオーブンの最高温度に設定）。

■作り方

1 のばしたピッツァ生地全体に指で深いくぼみをつける(a)。
2 生地からはみ出した分のオーブンシートをはさみで切り、生地にオリーブオイルをたっぷり回しかける(b)。
3 オーブンに入れやすいよう、シートごと薄い木の板などにのせ、最高温度に予熱したオーブンの天板に滑らせて入れる（左ページb参照）。焼き色がつくまで4～5分、様子を見ながら焼く。
4 焼き上がったら天板ごとオーブンから取り出し、焼けた生地とシートの間に薄い木の板をくぐらせて、皿の上にのせる。
5 ④の生地の上にプロシュートとルッコラをのせる。別皿にルッコラを添えて、各自がルッコラを適宜のせ、好みでオリーブオイルをかけていただいてもよい。

a

b

にんにくとアンチョビ、イタリアンパセリのピッツァ

イタリアで白いピッツァと呼ばれる、
トマトソースを使わないタイプ。
にんにくや赤唐辛子の風味をきかせて、
スパイシーに。
オリーブオイルの味もおいしさの決め手です。

■材料（直径約20cm 1枚分）

のばしたピッツァ生地（P.40～41）……1枚分
アンチョビ（缶詰）……1缶
A｜イタリアンパセリ……ひとつかみ
｜にんにく……2片
赤唐辛子……適量
オリーブオイル……適量

■前もってしておくこと

天板をオーブンのいちばん下に置き、300℃に予熱する（最高温度がこれより低い機種は、そのオーブンの最高温度に設定）。

■作り方

1 アンチョビは長さ1cmに切り、Aはフードプロセッサーにかけるか包丁で細かくする。
2 のばしたピッツァ生地のまわりのオーブンシートを切り、生地に①を適量のせ、赤唐辛子を砕いて全体にふり(a)、オリーブオイルを回しかける。
3 オーブンに入れやすいよう、薄い木の板などにのせ、最高温度に予熱したオーブンの天板に滑らせて入れる(b)。焼き色がつくまで4～5分、様子を見ながら焼く。
4 焼き上がったら天板ごとオーブンから取り出し、焼けたピッツァとシートの間に薄い木の板をくぐらせて、皿の上にのせる。

a

b

Part 5

大勢のときこそイタリアンが楽です

珍しいイタリアの野菜を味わう

大勢のお客さまを呼ぶときは、イタリア料理がおすすめ！　なんといってもイタリア料理は楽しいので、人数が多いと盛り上がります。予定より多く人が来たりしても、みんなで取り分ける大皿スタイルにしておけば大丈夫。最近、珍しいイタリア野菜が日本でも作られるようになってきて、ときどき、生徒さんから調理法を聞かれることがあります。そこで、珍しいイタリア野菜を楽しむという集まりはどうでしょう。お客さまはいろいろな野菜を味わえて、調理法も覚えて帰ることができます。今回はイタリアにんじん、プンタレッラ、黒キャベツ、フェンネル、ビーツをご紹介。プンタレッラは柔らかい芽の部分と、かたい葉の部分で調理法が違うので、ひとつの野菜でふたつの料理が作れます。それぞれの野菜の持ち味を堪能してもらうため、野菜の形や色もできるだけ生かして、シンプルな料理にするのがポイント。すべてのメニューが野菜ばかりだと物足りないので、牛肉の料理をメインにしてメリハリをつけます。デザートは、各自フルーツにガナッシュをたっぷりつけて。意外な楽しさが加わりますよ。料理は大皿やオリーブのボードに盛って、キッチンのカウンターやテーブルなどに並べておき、各自が取り分けるスタイル。ワインもご自分でお好きなだけどうぞ！というのが、気楽でいいと思います。

メニュー

- フェンネルとエビとネーブルオレンジのサラダ
- プンタレッラとからすみサラダ
- 黒キャベツとアンチョビのピアディーナ風
- ３種の温野菜
  - ビーツの酢漬け
  - イタリアにんじんのグリル
  - プンタレッラの葉のオイル蒸し
- 牛肉のタリアータ　ハーブソース
- いちごとバナナのガナッシュ

フェンネルとエビとネーブルオレンジのサラダ

フェンネルとオレンジの組み合わせは、南イタリアでは定番中の定番。エビを加えると、
さらにごちそう感が出せます。ネーブルオレンジは果肉だけでなく、
果汁も余すところなく活用して。甘酸っぱいさわやかな果汁が、ドレッシングになります。

■材料（5～6人分）

フェンネル……………………大1個
フェンネルの葉……………適量
エビ……………………………15尾
ネーブルオレンジ（国産）…3個
紫玉ねぎ（または新玉ねぎ）
………………………………¼個
オリーブオイル………大さじ3
塩・黒こしょう…………各適量

■作り方

1 フェンネルは芯の下のかたい部分を除き、縦半分に切り、縦に薄切りにする。フェンネルの葉は粗みじん切りにする。
2 エビは背ワタを取り、殻ごと塩ゆでし、殻をむく。
3 ネーブルオレンジは上下を包丁で切り、皮を切り取る(a)。果肉は縦半分に切り、芯も深めに切り取る(b)。果肉は薄皮をむかず、横にスライスして(c)、バットに並べる。皮に少し果肉が残っていたら、バットに果汁を絞り入れる。
4 紫玉ねぎは薄切りにし、辛い場合は冷水にさらして水気をきる。
5 ボウルに①～④を入れ、オリーブオイル、塩、黒こしょうを加えてあえ、様子を見て上からオリーブオイルを足す。

a

b

c

プンタレッラとからすみサラダ

プンタレッラの葉の内側にある、柔らかい芽の部分を生で使います。
シャキシャキした食感が特徴。イタリアではよくアンチョビと合わせますが、
ここではからすみと合わせてごちそう風に。タラコでもOK。

■材料（5〜6人分）

プンタレッラ……1株(芽の部分を使う)
からすみ(「切れ子」などでよい)…1本
にんにくのみじん切り……½片分
砕いた赤唐辛子……………適量
塩・こしょう………………各適量
レモン………………………1個
オリーブオイル………………適量

■作り方

1 プンタレッラは4つ割りにし、葉と芽(内側の部分)を切り離し(a)、芽の部分は、根元のかたい部分を切り(b)、薄切りにする(c)。氷水に2〜3分つけて、水気をよくきる。
2 からすみは薄切りにする。
3 器に①と②を盛り、にんにく、赤唐辛子、塩、こしょうをふる。半分に切ったレモンを添え、オリーブオイルを回しかける。

a

b

c

黒キャベツとアンチョビのピアディーナ風

黒キャベツは食べ方がわからないという声が多い野菜のひとつですが、
イタリアではミネストローネによく入っています。葉をしごいて、かたい軸をはずして使います。
ゆでたものをアンチョビなどとあえ、温かいうちにピッツァ生地に似たピアディーナにはさんでどうぞ！

■材料（8人分）

〈ピアディーナ風の生地、直径20cm 8枚分〉

A
- 強力粉……200g
- 薄力粉……200g
- ドライイースト……7g
- グラニュー糖……大さじ1
- 塩……ひとつまみ

水……1カップ強
打ち粉（強力粉）……適量
オリーブオイル……適量

〈のせる具〉

黒キャベツの葉……10〜12本
オリーブオイル……適量
塩……適量

B
- にんにく……1片
- アンチョビ……7〜8枚
- 赤唐辛子……2本分
- オリーブオイル……適量

■作り方

1 生地を作る。Aの材料をボウルに入れて混ぜ合わせ、ふるっておく。
2 別のボウルに分量の水を入れ、Aの粉を少しずつ加えながら混ぜていく。柔らかめの生地になり、ベタベタ手にくっつく感じになったらOK。様子を見て、粉を残してもよい。
3 台の上に打ち粉をし、手にも打ち粉をして、②を丸め、別のボウルに入れる。
4 ラップをふわっとかけ、約30℃の場所に1時間ほどおき発酵させる（約3倍にふくらむ）(a)。
5 台に打ち粉をし、手粉をつけ、④の生地に軽く握りこぶしを入れて取り出す。生地をまとめ、8等分に切って丸め、それぞれ直径約20cmにめん棒でのばす(b)。
6 具の用意をする。黒キャベツは葉をしごいて軸を除く(c)。たっぷりの湯を沸かして、オリーブオイルと塩を加えた中に入れ、やや長めにゆでる。葉がかたいので、食べてみて、好みの歯ざわりにゆで上げ、湯をきる(d)。
7 Bのにんにくはつぶし、アンチョビは細く裂き、赤唐辛子は砕く。すべてボウルに入れ、ちぎった⑥、オリーブオイルを加えてあえる。
8 フライパンにオリーブオイルを熱し、⑤の生地を入れて両面を中火で色よく焼く(e)。
9 焼いた生地に⑦をのせ、半分に折っていただく。

※生地の作り方は、P.40〜41（室温発酵）を参考にしてください。

a

b

c

d

e

3種の温野菜

野菜に合った調理法で、それぞれの味を楽しみます。プンタレッラの少しかたい葉は、オイル蒸しにすると
ほろ苦くておいしい。イタリアにんじんは丸ごとグリルすると、びっくりするほど自然の甘みがたっぷり！
色鮮やかなビーツは、生からゆでると加工品とはまったく別のおいしさが楽しめます。

ビーツの酢漬け

■材料（6〜7人分）

ビーツ…………………小6〜7個

A　メープルビネガー…½カップ（またはワインビネガー大さじ4に、メープルシロップのエキストラライト大さじ1〜2と水大さじ1を加える）
　　クローブ…………………少々
　　塩………………………適量

■作り方

1 ビーツは茎を少し残して葉を切り落とし、皮ごと洗う。
2 ①を鍋に入れ、かぶるくらいの水を注ぎ、火にかける。竹串がすっと通るまで、20〜30分ゆでる（ビーツの大きさによる）。
3 ②の粗熱を取り、皮をむいて半分に切る。ボウルに入れ、Aを加えて混ぜ、マリネする。温かいままでもよいし、マリネしたまま、冷ましてから食べてもよい。

イタリアにんじんのグリル

■材料（7〜8人分）

イタリアにんじん（日本の小さめのものでもよい）………8〜10本
オリーブオイル………………適量
粗塩・黒こしょう…………各適量
バルサミコ酢（あれば熟成期間の長いもの）……………………適量

■前もってしておくこと

オーブンは200〜220℃に予熱しておく。

■作り方

1 にんじんは葉を切り落とし、皮ごと洗って水気をふく。
2 大きなフライパンかオーブンの天板に①を入れ、オリーブオイルをかける。手のひらにオリーブオイルと粗塩をつけ、にんじん1本ずつにこすりつけるようにして、全体をコーティングする（上）。黒こしょうをふる。
3 200〜220℃のオーブンに②を入れ、40分〜1時間焼いて火を通す。
4 器に盛り、オリーブオイルとバルサミコ酢をかける。

プンタレッラの葉のオイル蒸し

■材料（7〜8人分）

プンタレッラの葉（P.49参照）
……………………1株分（約1kg）
にんにく………………………1片
オリーブオイル………………適量
塩……………………………適量
水………………………大さじ1

■作り方

1 プンタレッラの葉は洗って、さっと水をきり、長さ5cmに切る。にんにくはつぶす。
2 ①を鍋に入れ、オリーブオイル、塩、水を加えて混ぜる。ふたをして弱めの火にかけ、焦がさないように注意しながら、7〜8分蒸し煮にする。食べてみて、まだかたいようなら、さらに加熱して仕上げる。

農園から、届いたばかりの新鮮なイタリア野菜。扱い方を覚えておくと楽しいもの。「テヌータ・カンピ・フレグレイ」（080-3227-0599）、「おいしい本物を食べる会」（03-3530-1492）などでも一部購入可能

牛肉のタリアータ　ハーブソース

メインは牛肉をさっと焼いたものに、香りのいいハーブソースを合わせます。
ボードの上でハーブをたたいてソースを作り、そこに肉をダイナミックに盛りつけてもいいですね。

■材料（4〜5人分）

牛肉（内ももものかたまり。脂があまり多すぎない部分で、1cm以上厚みがあればよい）……400g
オリーブオイル……少々

〈ハーブソース〉
タイム・セージ・イタリアンパセリ……各ひとつかみ
にんにく……1片
レモン（国産・ノーワックス）……½個
塩……ひとつまみ
黒こしょう……適量
オリーブオイル……適量

〈つけ合わせのサラダ〉
好みのレタス2〜3種類……各適量
フルーツトマト……4個
塩・こしょう……各適量
オリーブオイル……適量

■作り方

1 フライパンにオリーブオイルを熱し、牛肉を入れて中火で両面をじっくり焼く。表面がこんがり、中がロゼくらいの色になったら(a)、取り出して少し休ませる。
2 ハーブソースを作る。盛りつけるボードの上で（大きめのボウルでも可）、ハーブ、にんにくをみじん切りにし、レモンの皮をすりおろして(b)、さらに細かく刻む。塩、黒こしょう、オリーブオイルを加えて、味を調える。
3 ①の牛肉を好みの厚さにスライスし、②のハーブソースに加え全体にからめる。
4 つけ合わせのレタスは食べやすい大きさにちぎり、トマトはくし形に切る。塩、こしょう、オリーブオイルで味を調えて、③の肉の横に添える。

a

b

いちごとバナナのガナッシュ

ガナッシュを作り、フルーツをガナッシュにたっぷり浸しながらいただく
簡単デザート。製菓用チョコレートではなく、食べておいしい板チョコでOK。
ここではビターチョコレートを使っていますが、甘さや苦さはお好みで。

■材料（5〜6人分）

いちご…………………1パック
バナナ…………………小6本
〈ガナッシュ〉
甘くないダークチョコレート
（板チョコ。製菓用でなくてよい）
……………………………125g
生クリーム………150〜200mℓ

■作り方

1 小鍋に生クリームを沸騰直前まで温め、チョコレートを手で割って加える。混ぜてチョコレートを溶かす。味をみて、甘さが足りない場合は、グラニュー糖少々（分量外）を加える（ガナッシュ）。

2 ①を器に入れ、いちごとバナナとともに出す。いちごやバナナをガナッシュにたっぷり浸していただく。

Part 6

見た目は大人っぽく。でも、子どもも大好きなもので 家族が集まるとき

家族が集まるときのメニューは、大人の要素を入れつつ、子どもも好きなものにしています。
あまり子どもっぽくしすぎると、大人はがっかりしてしまうので。
「みんなで一緒にごはんを食べる」という、ラフな感じがいいですね。ここでは、
肉または魚料理プラス野菜たっぷりのひと皿という、2品の気軽なメニューを3種ご紹介します。

家庭的な肉料理の代表といえばひき肉を使ったもの。
このミートローフもそんな定番のひとつで、娘たちが小さいころ、よく作りました。
肉と同量くらい野菜がたっぷり入るのが特徴。軽い味で、たくさん食べてもヘルシーです。
これには、アボカドをドレッシング代わりにしたサラダを組み合わせて、イギリスの古いお皿に。
もうひとつのひき肉料理、肉だんごの甘酢あんも、大人も子どもも大好き！
中にれんこんを入れて、カリカリした食感を楽しみます。中華風のお刺身サラダと一緒にどうぞ。

魚を使った和食は、マグロをづけにしてちらしずしに。マグロはお刺身のままだと、
たくさんは食べられないけれど、づけにしてすし飯と合わせると、見た目も華やかで、
満足感も出ます。マグロは中トロより赤身がおすすめです。前の日につけておけるので、準備もラク。
旬のゆで野菜を合わせると、彩りのいい季節感のあるテーブルになります。

メニュー

洋風	ミートローフ
	アボカドドレッシングのサラダ
和風	マグロのづけのちらし
	ゆで野菜の一皿
中華風	肉だんごの甘酢あんかけ
	中華風お刺身サラダ

ミートローフ

牛肉は粗め、豚肉は細かくひくと、食べごたえのある食感に。たねにたっぷり入った野菜から水分が出るので、型に入れずカリッと焼きます。

■材料（作りやすい分量、10人分）

〈ミートローフのたね〉

牛ひき肉（精肉店で粗めにひいてもらう）……………………………… 1kg

豚ひき肉（精肉店で細かくひいてもらう）………………………………200g

A
- にんじん…………………1本
- しいたけ…………………10枚
- 玉ねぎ……………1½〜2個
- セロリ……………………1本
- パセリ…………………… 適量

卵…………………………大2個

パン粉……………………1カップ

塩 ……………………… 小さじ2

黒こしょう……………………適量

〈その他〉

オリーブオイル………………適量

粗塩（あればフルール・ド・セル）適量

粒マスタード……………………適量

※子どもにはケチャップやソースでも。しょうゆもおいしいです。

■前もってしておくこと

牛と豚のひき肉は冷蔵庫から出して、室温にもどしておく。オーブンは200℃に予熱しておく。

■作り方

1 Aのにんじんは皮をむき、しいたけは軸を切る。Aの野菜はすべて、それぞれフードプロセッサーでみじん切りにする。パセリはみじん切りにした状態で、½カップ分用意する。

2 ボウルに①とミートローフのたねの残りの材料すべてを入れ、混ぜ合わせる。手でよくこねて、たねがまとまったら半分に分け、2本の大きなかまぼこ形にする。

3 大きい鉄のフライパン、またはオーブンの天板にオリーブオイルをひき、②をのせる。たねの表面に手のひらで、オリーブオイルを塗る(a)。

4 ③を200℃のオーブンの中段に入れ、約1時間焼く。焼き上がりの目安は、肉から透んだ脂や肉汁のかたまりが出てくれば火が通った証拠なので OK(b)。

5 オーブンから取り出して少し休ませ、好みの厚さに切り分ける。粗塩と粒マスタードをつけていただく。

a

b

アボカドドレッシングのサラダ

完熟のアボカドをざっとつぶし、マヨネーズのような感覚のつなぎ役にします。ほかの野菜のフレッシュな感じを生かして、さっと仕上げるのがコツ。

■材料（5〜6人分）

アボカド（熟したもの）……大2個

レタス…………………………1個

紫玉ねぎ……………………½個

（新玉ねぎの場合は1個）

きゅうり………………………3本

レモン…………………………2個

トマト………………………小3個

パプリカ（赤・黄）…………各¼個

ピーマン………………………1個

パセリのみじん切り…………適量

オリーブオイル……大さじ4〜5

塩………………………………適量

黒こしょう……………………適量

■作り方

1 レタスは、氷水につけてパリッとさせる。

2 紫玉ねぎは薄切りにし、氷水にさらして水気をきる。きゅうりは皮をむいて、厚さ5㎜の輪切りにする。

3 レモンは半分に切り、大きめのボウルに果汁を搾り入れる。

4 アボカドは種と皮を除き、適当な大きさに切る端から、変色しないよう③のボウルに入れていく。塩、黒こしょうを加え、ざっとつぶし、②を合わせる。

5 トマトは乱切り、パプリカは1.5㎝角に切り、ピーマンは輪切りにし、種を取る。①のレタスは水気をきり、ひと口大にちぎる。

6 ④のボウルに⑤を加えて混ぜ、パセリのみじん切り、オリーブオイル、塩、黒こしょうを加えてあえる。

マグロのづけのちらし

マグロは冷凍で取り寄せもでき、華やかなごちそうになるので、お正月にもぴったり！
ごまや薬味の香りが、づけのしょうゆ味とよく合って、いくらでも食べられます。
マグロがパサつくときは、づけのしょうゆにごま油かオリーブオイルを少し加えるのがおすすめ。

a

b

c

■材料（7〜8人分）

マグロ（赤身のサク）………250gのもの2本
しょうゆ………………………………¼カップ
米…………………………………………3合
〈合わせ酢〉
酢…………………………………大さじ5〜6
メープルシロップ（エキストラライト）
………………………………大さじ1½〜2
（または砂糖…………………大さじ1〜1½）
塩…………………………………小さじ⅔
〈そのほかの具〉
あさつき……………………………………1束
青じそ……………………………………20枚
もみのり ……………………………3枚分
金ごま……………………………………適量

■前もってしておくこと

マグロはしょうゆにつけ、冷蔵庫に入れてひと晩おく（づけにする）。
冷凍の場合も凍ったまま同様にしてひと晩おく(a)。

■作り方

1 米はややかための水加減で炊く。
2 合わせ酢の材料を混ぜる。
3 ①が炊き上がったら飯台などに移す。ごはんが熱いうちに②の合わせ酢を回し入れ、底から返しては切るように手早く混ぜ合わせ､うちわであおぎながら冷ます。
4 づけにしたマグロは、食べやすい大きさに切る。
5 あさつきは小口切り、青じそはせん切りにする。
6 ③のすし飯に⑤ともみのりを全体に散らし、④のマグロをのせてごまをふる。

■盛りつけ

食卓への出し方は飯台のままでもいいし、大鉢などに盛ってもよい。大鉢に盛る場合は、しゃもじで飯台のすし飯（薬味野菜やのり、マグロも）をすくって大鉢に入れる。これを何度か繰り返し、何段かに重ねる(b)。こうすると、取り分けるときに具とすし飯のバランスがよくなる(c)。

ゆで野菜の一皿

野菜が主役になる、とても色鮮やかなひと皿。彩りは、緑、赤、白の三色を組み合わせるのがコツ。
ゆずの香りのだし入りポン酢があれば、マイルドな味で、たっぷりと野菜が食べられます。
野菜は季節のものならなんでもよく、揚げた根菜などを混ぜてもおいしいですよ。

■材料（5～6人分）

にんじん……………………………小2本
れんこん………………………………1節
かぶ……………………………………5個
かぶの葉……………………………1束分
ほうれん草……………………………1束
ゆずの皮……………………………1個分
大根おろし…………………………½本分
七味唐辛子……………………………適量
酢………………………………………少々
〈だし入りポン酢〉
しょうゆ、ゆず果汁、だしが同割で各適量

■作り方

1 にんじんは皮をむき、厚さ1cmの輪切りにしてゆでる（新にんじんの場合は、皮ごとでもよい）。
2 れんこんは皮をむき、厚さ1cmの輪切りにして、酢少々を入れた湯でゆでる。
3 かぶは茎を少し残して切り、皮ごと4つ割りにしてゆでる。かぶの葉はゆでて水気を絞り、長さ4～5cmに切る。
4 ほうれん草はゆでて水気を絞り、長さ4～5cmに切る。
5 ゆずの皮の表面（黄色い部分）をせん切りにする。
6 だし入りポン酢の材料を混ぜ合わせる。
7 大皿に①～④を盛り、⑤のゆずの皮をのせて食卓に。各自取り分け、大根おろし、七味唐辛子、⑥のだし入りポン酢でいただく。

織部の大皿に季節のいろいろなゆで野菜をたっぷりと彩りよく盛りつけました

肉だんごの甘酢あんかけ

卵たっぷりの柔らかいたねなので、丸める手間がなく、手でしぼり出しながら手早く揚げられます。
甘酢あんをかけずに、揚げたてをそのまま、辛子じょうゆやケチャップ、タバスコで食べてもおいしい。

■材料（5〜8人分）

〈肉だんごのたね〉

豚ひき肉……1kg
れんこん……(小) 1節
しょうがのみじん切り……1かけ分
長ねぎのみじん切り……1本分
溶き卵……4〜5個分
塩……小さじ1
片栗粉……大さじ2
黒こしょう・揚げ油……各適量

〈甘酢あん〉

油……大さじ1½〜2

A
- 酢……大さじ4〜4½
- メープルシロップ（エキストラライト）…大さじ3〜4（または砂糖 大さじ2〜3）
- しょうゆ……大さじ3〜4
- 水（またはチキンスープ）……⅔カップ

B
- 長ねぎのみじん切り……½本分
- しょうがのみじん切り……1かけ分
- にんにくのみじん切り……1〜2片分
- 砕いた赤唐辛子……1〜2本分

水溶き片栗粉……片栗粉大さじ1½＋水大さじ3

a

■作り方

1 肉だんごを作る。れんこんは皮をむいて粗みじん切りにし、肉だんごのたねの残りの材料とともにボウルに入れる。手の指を開き、粘りが出るまで同じ方向に回して混ぜる。
2 中華鍋に揚げ油を入れ、170℃に熱する。
3 ①のたねを握るようにしながらしぼり出し(a)、スプーンですくって直径約4cmのボール状にし、揚げ油に入れていく。最初4〜5分は触らないようにし、表面が固まったら返しながら揚げる。薄く色がついたら、いったん取り出す。
4 揚げ油の温度を180℃に上げ、③を再び入れ、カリッとなるまで二度揚げする。油をよくきる。鍋の油をあけ、よくふく。
5 ④の中華鍋を熱し、甘酢あんの油を入れ、合わせておいたAを加えて煮立て、Bを加え混ぜる。水溶き片栗粉を加えてとろみをつけ、④の肉団子を加えてからめる。

※甘酢の味は、好みで加減してください。

中華風お刺身サラダ

揚げたワンタンの皮のパリパリした食感と、フレッシュな野菜のシャキシャキ感が相性抜群！
お刺身は野菜を引き立てる役なので、少しでもOK。大根、にんじん、うどなどでもおいしい。

■材料（4〜5人分）

刺身（鯛、平目、カンパチ、ホタテの貝柱など）……4〜5人分
長ねぎ……1½本
レタス……½個
セロリ……1本
しょうが……1かけ
ゴーヤー（好みで）……½本
香菜……適量
ワンタンの皮・ピーナッツ…各適量
揚げ油……適量

〈たれ〉

ごま油……大さじ3〜4
レモン汁……大さじ2
にんにくのすりおろし……1片分
黒こしょう……適量
ナンプラー……大さじ2
しょうゆ……少々

■前もってしておくこと

ワンタンの皮とピーナッツを、170℃くらいの揚げ油でカリッと揚げておく。

■作り方

1 長ねぎは白髪ねぎにし、レタス、セロリ、しょうがはせん切りにする。
2 ゴーヤーは縦半分に切り、種とワタを取って薄切りにする。水に10分ほどさらし、水気をきる。
3 たれの材料を混ぜ合わせておく。
4 ボウルに①、②を入れて混ぜ合わせる。
5 香菜は葉をちぎる。

■盛りつけ

器に④の野菜の一部を敷き、刺身の一部をのせ、揚げたワンタンの皮を砕いたものとピーナッツの一部を散らす。これを何度か繰り返して、最後に香菜をのせる。③のたれを回しかける。

Part 7

旅で覚えたアジアの料理をアレンジして

旅先で味わった味は、旅の話題でにぎやかに盛り上がります

メニュー

- 鶏のナンプラー風味焼き
- エビの野菜巻き揚げ
- 青菜のスープあん
- 黄にらのビーフン
- 文旦と干しエビのサラダ
- 豆乳ゼリーとしょうがシロップ

アジアへの旅といえば、タイ、インドネシア、香港など、さまざまな国に行きましたが、もっとも強い印象が残ったのはベトナムです。ほかのアジアの国とは違うおいしさがあり、ちょうど知人がベトナムに住んでいたこともあって、一時期、とてもよく訪れていました。ベトナムに限らず、どこの国でも、旅先でおいしいと思った味の記憶は、私の中にたくさん残っています。いつも帰国してから再現してみますが、現地の味そのままではなく、日本で手に入る素材で自分流にアレンジすることがほとんど。

今回のメニューもそんなレシピを組み合わせたもので、どこかひとつの国のものではなく、いわば「私風アジア料理」です。

大事なのは、味の基本となるおいしいスープ。今回も青菜のスープあんと黄にらのビーフンにスープが必要なので、それをとるために丸鶏の料理を組み込みました。鶏肉はナンプラー焼きに、魚介はエビの野菜巻き揚げ。野菜がたっぷりとれる青菜のスープあんに、ビーフンをごはん代わりにして、フルーツを使ったサラダなども。デザートはゆるい豆乳ゼリー。しょうがの香りもさわやかで、口あたりよくいただけます。

旅をしたときの思い出話から、みんなの旅の話に広がって、とても盛り上がります。

鶏のナンプラー風味焼き

スープをとるために鶏を1羽買って、蒸します。その肉にナンプラーをからめて、
香ばしく焼き上げたのがこの料理。香菜とともにシンプルに食べて、肉の味を堪能します。
スープはほかの料理の味のベースに活用。鶏1羽が手に入らないときは、骨付きのももや手羽などで。

■材料（作りやすい分量）

鶏肉…1羽分（精肉店で4つ割りにしてもらう）
塩……………………………………適量
A｜長ねぎのぶつ切り………………2本分
｜にんにく（つぶしておく）……2〜3片
｜しょうがの薄切り……………1かけ分
｜あればレモングラス・香菜の根
｜…………………………………各適量
香菜…………………………………適量
〈つけだれ〉
ナンプラー……………………大さじ4〜5
黒こしょう……………………………適量

■前もってしておくこと

鶏肉を蒸し、スープをとる。
①鶏肉は塩を薄くすり込み、2時間〜ひと晩おき、出た水分と塩を洗い流す。
②蒸し器（または蒸し網を入れた鍋）の底に、Aと水適量（スープをとる目的もあるので多めに）を入れ、沸騰させる。鶏肉を蒸し網の上に入れ、蒸気が上がっている状態を保ちながら、ふたをして中火で30〜40分ほど蒸す。
③鶏肉を取り出して、スープをこす(a)。スープはほかの料理に使うのでとっておく(b)。

■作り方

1 つけだれの材料を混ぜ合わせ、蒸した鶏肉をつけてからめ(c)、網をのせた鉄のフライパンか天板にのせて、220℃のオーブンで10分ほど焼く。
2 これをあと3回ほど繰り返し(d)、焼き色がきれいにつくまで、たれをつけながら皮がパリパリになるまで計30分ほど焼く(e)。
3 器に盛り、香菜を添える。

a

b

c

d

e

エビの野菜巻き揚げ

揚げたてにコクのあるオーロラソースをからめ、香りも歯ざわりもいい長ねぎといただきます。
エビは必ず、腹側を開くのがコツ。そうすれば、揚げて火が通ったとき、自然と内側に曲がるので、
特に何かで留めなくても開くことはありません。タバスコの量はお好みで。

■材料（4〜6人分）

エビ（冷凍）……………………………大 12 尾
干ししいたけ…………………………… 大3枚
ゆでたけのこ……………………………小1本
長ねぎ……………………………………2本
塩・片栗粉・揚げ油（太白ごま油）…… 各適量
〈オーロラソース〉
マヨネーズ……………………………⅔カップ
トマトケチャップ………………………⅓カップ
塩・しょうゆ・タバスコ ……………… 各少々

a

b

c

d

e

f

■前もってしておくこと

- エビは海水ほどの塩水につけて解凍しておく。
- 干ししいたけは水につけてもどしておく（もどし汁は「青菜のスープあん」（P.70）「黄にらのビーフン」（P.72）に使うのでとっておく）。

■作り方

1 もどした干ししいたけは軸を切って薄切りにし、たけのこは細切りにする。
2 長ねぎは芯を抜いて斜め薄切りにし、冷水に 15 分ほどさらし、水をきる。
3 解凍したエビは殻をむいて背ワタを取り、水気をふき、腹側に切れ目を入れて開く。
4 エビに 12 等分した①をのせて、頭側から巻く(a)(b)。片栗粉を全体にまぶして開かないよう押さえる(c)。
5 鍋にエビがちょうどかぶるくらいの分量の油を入れ、170 〜 180℃に熱する。④を入れて、周りが固まるまでは触らないようにして、カリッと揚げて油をきる(d)。
6 ボウルにオーロラソースの材料を入れて混ぜ、揚げたての⑤を熱いうちに入れてからめる(e)(f)。
7 器に②の長ねぎを敷き、⑥をのせる。ねぎをからめながらいただく。

青菜のスープあん

うまみたっぷりの鶏のスープであんを作り、青菜にからめるので、味わい深い野菜料理に。
野菜をシャキッとさせておくことが、おいしさのポイント。野菜は冷水につけ、油と塩少々を
入れてゆでると、野菜の甘みが生きてきます。白菜、キャベツ、ほうれん草などでもおいしく作れます。

■材料（4〜5人分）

青梗菜……………………………4〜5株
ターツァイ………………………………1株
スナップえんどう………………………10個
にんにく……………………………… 2片
ごま油 …………………………… 大さじ2
塩 …………………………………… 適量
スープ（下記参照）…………… 1¼カップ
水溶き片栗粉…片栗粉大さじ2＋水大さじ4

■前もってしておくこと

スープは、「鶏のナンプラー風味焼き」（P.66参照）で鶏肉を蒸したときのスープと、「エビの野菜巻き揚げ」（P.68参照）の干ししいたけのもどし汁、「文旦と干しエビのサラダ」（P.74参照）の干しエビのもどし汁を合わせ、1¼カップにしておく（鶏のスープは必須、他はなくてもよい）。

■作り方

1 青梗菜は長さを2〜3等分に切り、根元の部分は4つ割りにする。ターツァイは根元を切って長さを半分に切り、スナップえんどうは筋を取る。それぞれを冷水につけてシャキッとさせる。
2 にんにくは半分に切ってつぶす。
3 鍋に湯を沸かし、ごま油、塩少々を入れる。①の野菜をそれぞれゆでて、ざるに上げて水気をきる(a)。
4 中華鍋にスープ、②のにんにく、塩少々を入れて煮立て、水溶き片栗粉を様子を見ながら加えてとろみをつける。③の野菜を加えて、あんをからめる(b)(c)。

a

b

c

黄にらのビーフン

おいしい鶏のスープをビーフンに少しずつ吸わせながら、しっかり炒めていくのがコツ。歯ざわりのいい黄にらは最後に加えて、炒めすぎないようにします。米の粉から作られるビーフンは、おこげも香ばしくておいしい。好みで酸味と辛味のきいたたれをふって、さっぱりと。

■材料（4～5人分）

ビーフン（乾燥）……………………………300g
黄にら……………………………………5束
しょうがのせん切り………………1かけ分
ごま油……………………………… 適量
塩・黒こしょう…………………… 各適量
スープ（左下参照）
…………2～3カップ（様子を見て加える）
〈たれ〉Aは作りやすい分量（使うのは一部）
A｜メープルビネガー（または「千鳥酢」）
｜………………………………2カップ
｜にんにく………………………3～4片
｜赤唐辛子 ……………………3～4本
B｜「鶏のナンプラー風味焼き」（P.66参照）の
｜たれと肉汁（左下のたれB参照）…全量

■前もってしておくこと

- スープは「鶏のナンプラー風味焼き」（P.66 参照）で鶏肉を蒸したときのスープと、「エビの野菜巻き揚げ」（P.68参照）の干ししいたけのもどし汁を合わせ、2～3カップにしておく（スープは、鶏のスープは必須。他はなくてもよい）。
- たれAのにんにくは半分に切り、赤唐辛子は種ごとちぎり、メープルビネガーに加える。最低半日以上おく（びんに入れて、冷蔵庫で1カ月以上保存可能）。
- たれBは「鶏のナンプラー風味焼き」で鶏肉を焼いたときに天板に落ちた肉汁を、残ったナンプラーのつけだれと合わせる（たれBは、鶏を焼かなければなくてもよい）。
- ビーフンは15～20分水につけ、しんなり柔らかくなるまでもどしておく。

＜たれA＞
（にんにく、唐辛子酢）
メープルビネガーに、にんにくの香りと赤唐辛子の辛味。日持ちがするので、多めに作っておいても

■作り方

1 もどしたビーフンは水分をきって、キッチンばさみなどでざっと切る。
2 黄にらは長さ5～6㎝に切り、葉と根元は分けておく。
3 中華鍋にごま油を熱し、スープ1カップを入れる。ビーフンを入れて中火にし、ゆっくり混ぜながらビーフンにスープを吸わせる。水分がなくなってきたら、塩少々をふってごく薄めに味つけする（あとでたれをつけるので、塩味は薄く）。
4 ビーフンが中華鍋に張り付いてきたら、ヘラではがしながら(a)、スープ1カップを加える。③と同様にしてスープを吸わせ、水分を飛ばしながらヘラではがしつつ炒める。焼き色がついて、さらっとしてきたら、食べてみてかたさをチェックする。まだかたい場合は、さらにスープを適量足し、好みの柔らかさになるまで繰り返し炒める。
5 火を弱めて、黄にらの根元、葉の順に加え(b)、軽く焦げたところをはがしながら混ぜる。塩少々、黒こしょうをふって混ぜ、火を止める。
6 器に盛り、しょうがのせん切りを散らす。AとBのたれを添え、好みでふっていただく。

a

b

文旦と干しエビのサラダ

アジアではサラダにフルーツをよく使いますが、これはかんきつ類に
干しエビを合わせ、唐辛子の辛味とミントの香りで食べるもの。現地ではポメロでしたが、
ここでは文旦で。ミントはペパーミントがおすすめ！

■材料（4〜5人分）

文旦……………………………………4個
干しエビ（国産）…………………大さじ3
赤唐辛子………1〜2本（辛さは好みで）
ミント（あればペパーミント）の葉…適量
ナンプラー……………………大さじ2

■前もってしておくこと

干しエビは水につけてもどしておく。もどし汁は「青菜のスープあん」（P.70）で使うので、とっておく。

■作り方

1 文旦は袋から果肉を取り出す。
2 もどした干しエビは細かく刻むか、フードプロセッサーにかけて細かくする。
3 赤唐辛子は砕き、ミントの葉はちぎる。
4 ボウルに①〜③、ナンプラーを入れてあえる。

豆乳ゼリーとしょうがシロップ

極限までゆるくした豆乳ゼリーは、とろけるような口あたりが最高！
満腹でも、しょうがの香りで軽く食べられます。時間をかけてゆっくり固めるほうがおいしいので、時間を逆算して余裕をもって作り始めてください。

■材料（4～5人分）

豆乳……………………………………500mℓ
板ゼラチン……………………1.5ｇ×６枚
〈しょうがシロップ〉
しょうがのすりおろし…………1かけ分
水とグラニュー糖の重さが1.5～2：1の割合で適量

※ゼリーを前日に作って、長時間冷蔵庫に入れておく場合は、かたくなってくるので、板ゼラチンの分量を５枚に減らしてください。
※甘くせず、しょうがじょうゆにすれば、副菜になります。

■作り方

1 板ゼラチンは、たっぷりの水に10～15分浸してふやかしておく。
2 鍋に豆乳を入れ、沸騰しないように温める。①のゼラチンの水気をきって加え、混ぜながら完全に溶かす。
3 器に流し入れて冷まし、冷蔵庫で３～４時間、冷やし固める。
4 しょうがシロップを作る。小鍋に水とグラニュー糖を入れて火にかけ、混ぜながらグラニュー糖を溶かして冷ます。完全に冷めたら、しょうがのすりおろしを加えて混ぜる。
5 ③のゼリーが固まったら、上にしょうがシロップを流す。

Part 8

山の家では、みんなで料理を作るのが楽しい！

ラフでダイナミックな料理が山の家の味

メニュー

- 野菜たっぷりのクスクス
- クレソンとトマトのサラダ
- ゆで野菜のサラダ
- 文旦のデザート

山の家には時間が許すかぎり、季節を問わず、しょっちゅう行っています。
ひとりで行くこともあれば、スタッフや友人を誘って行くこともよくあります。
また、現地で親しくなった友人たちが集まることもあります。
季節ごとにまったく違った風景や楽しみがあるので、どの季節も味わいたいですし、
都会に住む皆にも楽しんでもらいたいのです。
ここでは私ひとりが料理を作ることはまずありません。来る途中の道の駅で、季節の野菜や
果物をたっぷりと買い込み、ときには近くの魚屋さんで、新鮮な魚を仕入れます。
（山の中ですが、日本海が近く、とてもおいしい魚が手に入るんですよ）
そして、着いたら、みんなで料理の準備です。ワイワイとそれぞれが食べたい料理を
作ったりもします。肉類は東京から下ごしらえしたものを持っていくことも。
今回のクスクスの丸鶏も、前の晩に東京の家で塩をして持っていきました。
移動の時間が、ちょうど鶏をおいしい味にしてくれるというわけです。
今回は煮込む料理ですが、ときには火をおこしてダイナミックに肉を焼くことも。
器や鍋は、東京の家より色のある明るい器をそろえ、雰囲気を変えて楽しんでいます。

鍋ごと、フライパンごと
どんとテーブルに出す

ひとつのお皿に
サラダも盛って、アリッサを
のせ、全部混ぜていただきます

野菜たっぷりのクスクス

北アフリカや中東でとてもポピュラーなクスクスは、それぞれ独自の味があるようです。
このクスクスは野菜たっぷりで、いくらでも食べられてしまいます。アリッサは辛いですが風味もあり、
各自お皿に少しとってクスクスと混ぜると、さらにおいしくなりますよ。

■材料（7～8人分）

<クスクスのスープ>

鶏肉……………………………………1羽
にんじん ……………………………… 2本
大 根 ……………………………… ½本
玉ねぎ…………………………………2個
じゃがいも5～6個（今回はインカのめざめ）
ミニトマト……………………20～25個
にんにく（半分に切り、芯を取る）3片分
オリーブオイル …………………… 適量

A | タイム・イタリアンパセリの茎
………………………各ひとつかみ
パッサータ（煮たトマトの裏ごし・写真参照。トマト缶でもよい）
………………………………500ml

B | クローブ・クミン・パプリカ・カイエンヌペッパー（すべてパウダー）
……………………各大さじ1～1½
あればイエローホットペッパー（ペルーの香辛料）………………少々

トマトペースト………………大さじ3～4
塩……………………………………適量

■前もってしておくこと

- 前の晩、または調理の2時間ほど前に、鶏肉に、重量の1.5～2％の塩をすり込んでおく。
- アリッサを作っておく（左下参照）。

■クスクスのスープの作り方

1 鶏肉の水気をふき、キッチンばさみで食べやすい大きさに切る(a)。
2 にんじんは皮をむき、大根は皮ごと、やや大きめの乱切りにする(b)。
3 玉ねぎは縦半分に切り、2cmのくし形に切る。
4 じゃがいもは皮をむき、水につけておく。
5 大きめの厚手の鍋に、オリーブオイルとにんにくを入れて温め、鶏肉を皮目を下に入れ焼き、その後全体に焼き目をつける(c)。
6 ②の野菜、玉ねぎ、ヘタを取ったミニトマト、Aのハーブとパッサータ(d)、かぶるくらいの水を入れ、ふたをして煮る。
7 煮立ってきたら、野菜に完全に火が通る前に、Bのスパイスを入れ(e)、トマトペーストを入れる。
8 大根が柔らかくなってきたら、④のじゃがいもを小さめの乱切りにして入れる(f)。
9 塩を適量入れ、弱火で静かに1時間30分ほど煮る。途中で味見して塩が足りないときは足し、スパイスも好みの量を補ってさらに煮る。
10 鍋ごとテーブルに運ぶ。

<アリッサ>
北アフリカの調味料。びんに、にんにくのすりおろし、カイエンヌペッパー、クミン、パプリカ、好みでコリアンダー（すべてパウダー）、塩を好みの分量を入れて混ぜる。そこにオリーブオイルをひたひたに入れて混ぜる。すぐに使えるが、冷蔵庫で1カ月おくこともできる。クスクスやサラダに。

<パッサータ>
煮たトマトの裏ごし。トマトのみの味なので、料理やパスタのソースに便利。

a
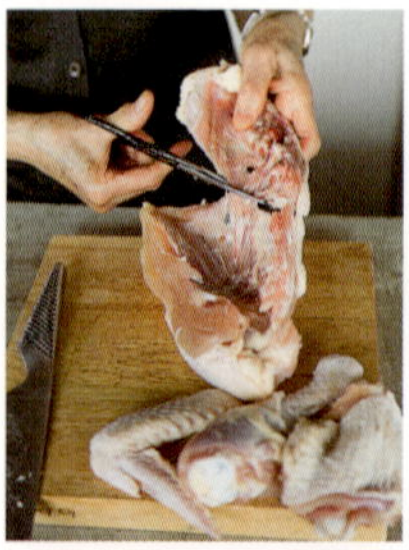
b

c

d

e

f

■材料（7～8人分）

＜スムール＞

クスクス……………………1人あたり80g
（かなり増えるので、様子を見て）

熱湯…………80gに対し110mℓが目安

C｜タイム・イタリアンパセリの葉の
　｜みじん切り……………各ひとつかみ

オリーブオイル……………………適量

■おいしい食べ方

各自、器にスープとスムールを盛り、好みでアリッサやイエローホットペッパーをのせる。好みでオリーブオイルをふって、すべてを混ぜながらいただく。そのとき、次のページで作るサラダを一緒に混ぜてもおいしい。

■スムールの作り方

1 フライパンにクスクスを入れ、分量の熱湯を回し入れ(a)、ふたをして10～15分そのままおき、水分を吸わせる(b)。

2 オリーブオイルを回し入れ(c)、さらさらふんわりするまで、オイルを足しつつ、鍋底からはがすようにして混ぜながら、弱火で炒る(d)。

3 さらさらふんわりとなったらフライパンを火から下ろし(e)、Cのハーブを入れ、全体を混ぜる(f)。

4 右ページの鍋とともに食卓に運び、アリッサ、オリーブオイルを添える。

a

b

c

d

e

f

クレソンとトマトのサラダ

クレソンの苦みで、クスクスの合間にさっぱりといただけるサラダ。
サラダとして別に食べてもいいですが、クスクスと一緒に盛り合わせて、混ぜながらいただくのもおすすめ。煮た野菜と生の野菜の組み合わせがおいしさを増します。

■材料（7〜8人分）

- クレソン……5束
- トマト(ミディ)……7個
- 玉ねぎ……1個
- バジル……ひとつかみ分
- A オリーブオイル（エキストラ・バージン）・ワインビネガー・塩・こしょう……各適量

■作り方

1 玉ねぎは薄くスライスして水にさらしておき、水気をきる。
2 クレソンは根を切り、長さを3等分にする。
3 トマトはヘタを取り、4等分に切る。
4 バジルは手でちぎる。
5 ①〜④をボウルに入れ、Aを入れてふんわり混ぜ合わせ、器に盛る。

※サラダとして食べてもいいし、クスクスと一緒に混ぜて食べてもおいしいです。

ゆで野菜のサラダ

歯ごたえを残してゆでただけの
野菜をシンプルな味で。右ページの
サラダ同様、クスクスに混ぜても。

■材料

いんげん、ブロッコリーなど、なんでも。
オリーブオイル・塩・こしょう……各適量

■作り方

1 野菜を歯ごたえが残るようにかためにゆでる。
2 オリーブオイルと塩、こしょうをふって、シンプルにいただく。クスクスに混ぜてもおいしい。

文旦のデザート

辛いクスクスのあとは、さっぱりと
ジューシーな文旦でお口直し。
食べやすくむいてお出ししましょう。

■作り方

文旦は皮をむき、果肉が割れないよう袋からきれいに出し、皿に並べる(a)。

a

Part 9

うきうきと楽しい気分で集まる日に
誰もがうれしい ごちそうちらしがメイン

メニュー

- ごちそうちらし
- アサリと桜麩の卵蒸し
- そら豆と小柱とたけのこのかき揚げ
- 菜の花、ワカメ、山いものおかかじょうゆ
- よもぎ麩とゆであずき

ちらしずしって、春になると一度は食べたいもののひとつですね。
大人も子どもも大好きですし、うちでも娘たちによく作ったものです。
特にお客さまのときには食卓が華やぐうえ、メインとごはんの両方の役目をしてくれて、
とても重宝します。今回は甘辛く煮たしいたけやごぼう、歯ざわりのいいれんこんなどに、
鯛、アナゴ、エビなどを加えた、ぜいたくなごちそうちらしにしました。
添えるのは、お吸い物代わりに、アサリと桜麩の卵蒸しをどーんと大きな器で。
卵蒸しは小さな器で一人前ずつ作ると、手間がかかって大変ですが、大きな器で作るとラク。
これは一般的な割合よりずっとだしがたっぷりなので、とても柔らかな口当たりです。
少しすが立ったり表面が崩れたりしても、あとでおだしを注いで木の芽をのせれば大丈夫。
また、揚げ物もあったほうが満足感が出るので、旬のそら豆、たけのこ、小柱のかき揚げを。
野菜の一品は新ワカメ、菜の花、山芋を、かつお節としょうゆだけでシンプルに。
デザートは、ほのかに甘いゆであずきによもぎ麩を加えて、汁ごといただきます。
食卓は緑の織部の器を中心に、白い皿や黒の塗りの折敷でメリハリをつけ、銅製の酒器を
合わせました。菜の花や木の芽の鮮やかな緑、卵の黄色など、季節の色がよく映えます。

ごちそうちらし

鯛、アナゴ、エビをはじめ、さまざまな具が入っていますが、全部そろえなくても、
お好みの具だけでもOK。飯台にそのまま盛りつけても、ダイナミックな雰囲気になります。
この飯台は、使い始めて80年ほどたっています。母が若いころから使っていた思い出の品です。

■材料（7～8人分）

米……………………………………4合

〈合わせ酢〉

酢 ………………………………… 110mℓ
メープルシロップ…………大さじ3～4
（または砂糖…………大さじ2½～3）
塩 ………………………………小さじ2

〈具〉

干ししいたけ……………………6～8枚
干ししいたけのもどし汁……1½カップ

A
- メープルシロップ…………大さじ2
- （または砂糖………大さじ1～1½）
- 酒・しょうゆ……………各大さじ2

れんこん……………………………1節

B
- 酢………………………… 大さじ4
- メープルシロップ…………大さじ2
- （または砂糖………大さじ1～1½）
- 塩…………………………小さじ½

ごぼう（細めのもの）………………1本

C
- だし………………………1カップ
- 酒…………………… 大さじ1～2
- しょうゆ……………………大さじ1
- メープルシロップ（または煮きりみりん）………………大さじ2～3
- 塩………………………………少々

鯛（刺身用、3枚におろし、骨を抜き、皮を引く）……………………1尾分
酢 ………………………………… 適量
アナゴ……………………………3尾

D
- 酒、メープルシロップ、しょうゆが1：1：4で各適量

サイマキエビ …………………7～8尾
卵 ………………………………… 6個

E
- 塩・酒……………………各少々

金ごま・木の芽…………………各適量

※メープルシロップはすべて必ずエキストラライトを使ってください。

■前もってしておくこと

干ししいたけは水適量につけ、ひと晩おく。

■作り方

＜すしめしの作り方＞

1 米はややかための水加減で炊く。
2 合わせ酢の材料を混ぜ、砂糖の場合は溶かしておく。
3 ①が炊き上がったら飯台などに移し、ごはんが熱いうちに②の合わせ酢を回し入れ、底から返しては切るように手早く混ぜ合わせ、うちわであおぎながら冷ます。

＜具の作り方＞

1 前日にもどしておいた干ししいたけは、軸を切り取り、鍋に入れ、もどし汁をひたひたに注ぐ（足りない場合は水を足す）。Aを加えて落としぶたをし、柔らかくなるまで煮る(a)。両手にはさんで汁気をきり、薄切りにする。
2 れんこんは皮をむいていちょう切りにし、酢水につけたあとさっと湯通しし、Bを混ぜ合わせたものに1時間ほどつける(b)。汁気をきって使う。
3 ごぼうは小さめのささがきにし、酢水につけ、水気をきる。鍋にCとともに入れて、煮上がったら汁気をきる。
4 鯛はひと口大のそぎ切りにしてバットに並べ、酢に10～15分ほど浸しておく(c)。
5 アナゴは網焼きにし、Dを煮詰めたたれにつけて味をからめる(d)。2～3cm幅に切り、使うときまでたれにつけておく。
6 エビは塩ゆでしてボウルに入れ、ゆで汁をひたひたに入れて冷まし(e)、殻をむき、厚みを半分にスライスする。
7 卵は溶きほぐしてEを加えて混ぜ、フライパンで薄く焼き、錦糸卵にする。

＜盛りつけ＞

飯台のすしめしにしいたけとごぼう、金ごまを加えて混ぜる。鯛、アナゴ、れんこん、エビの順に散らし、錦糸卵、木の芽を飾る。これを別の器に盛るときは、しゃもじで重ねていき、最後に錦糸卵と木の芽を飾る。

a

b

c

d

e

アサリと桜麩の卵蒸し

春においしくなるアサリのだしがたっぷり入った、ふるふるの柔らかな卵蒸しです。
温かくても冷たくても、どちらでもおいしい。蒸すときの器は深すぎず、口の開いた形のものを。
素焼きだとすがいっぱい立ってしまうので、必ず釉薬のかかった器を使ってください。

■材料（5〜6人分）

アサリ（殻つき）…………………………1kg
桜麩（生・細いもの）……………………1本
卵………………………………………4個
塩………………………………………適量
酒………¼〜½カップ（様子を見て加減する）
A｜アサリの蒸し汁＋昆布とかつおのだしで
　｜5カップにしたもの
B｜酒……………………………大さじ1
　｜塩……………………………小さじ1½
　｜しょうゆ………………………少々
木の芽…………………………………適量

■前もってしておくこと

アサリはP.35と同様に、ひと晩砂出ししておく。

■作り方

1 アサリは殻をよく洗い、平鍋に入れて半分の高さまで酒を加え、ふたをして火にかける。アサリの口が開いたら火を止め、アサリの身を殻から取り出し、蒸し汁はさらしの布でこす。アサリの身と蒸し汁をボウルに入れ、そのまま冷ます(a)。
2 ①が冷めたら、再びアサリの身と蒸し汁を分ける。蒸し汁でAを作り、4カップと1カップに分けておく。1カップ分のほうには、塩少々、しょうゆごく少々（分量外）を加え、お吸い物程度に味つけする（仕上げ用のだし）。
3 アサリの身は仕上げ用として、12個くらい取り分けておく。
4 卵をボウルに割りほぐし、②のだし（4カップ分）とBを加え、混ぜ合わせて、こす。仕上げ用として⅔カップ分を取り分けておく。
5 桜麩は小口切りにし、半量ずつに分けておく。
6 大きめの浅鉢に④の卵液を流し入れ、アサリの身と半量の桜麩を散らす。湯気の上がった蒸し器に入れ、弱火で15〜20分蒸す。
7 ⑥のまん中に竹串を刺し、穴が開いたらいったん取り出す。③のアサリの身と⑤の残りの桜麩を散らし(b)、④の仕上げ用の卵液（⅔カップ分）を流し入れる(c)。再び蒸し器に入れ、弱火で10分ほど蒸し、表面が固まったら②の仕上げ用のだし（1カップ分）を流し入れる(d)。
8 蒸し器から取り出し、木の芽をのせる。

※蒸す時間は、器によって異なるので注意して。

a

b

c

d

ゆるゆるの卵蒸しを各自取り分けていただく。上からだしもかけるので、おつゆ代わりにもなるひと品

そら豆と小柱とたけのこのかき揚げ

旬の味覚、そら豆とたけのこを、小柱とともに上質の油でかき揚げにし、山椒塩をふって。カリッとした食感に仕上げるには、衣の小麦粉のグルテンを出さないようにするのがコツ。粉に氷と水少々を入れ、ちょうどいい具合になったら、氷を除くといいですね。

■材料（4人分）

そら豆（さや）……………………5〜6本
ゆでたけのこ………………………小½本
小柱………………………………1パック
小麦粉………………………………適量
揚げ油（オリーブオイル、または玉締めしぼりのごま油）……………………… 適量
＜山椒塩＞
塩・粉山椒……………… 各適量（混ぜる）

a

b

c

d

■作り方

1 そら豆はさやから出して薄皮をむき、半分に割る。
2 たけのこはひと口大の薄切りにする。
3 ボウルに①、②、小柱を入れ、小麦粉をまんべんなくまぶす。氷適量、水少々を加え、菜箸の太いほうで混ぜ(a)、粉がねっとりしてきたら氷を取り除く。
4 ③を平たいスプーンにとり、170℃の揚げ油に滑らせるように入れていく(b)。表面が固まったら返しながら揚げ(c)、触ってカリカリした感じになったら取り出して、油をきる(d)。
5 器に盛り、山椒塩をふる。

※小柱の代わりにエビやホタテの貝柱を角切りにして使用してもOK。

菜の花、ワカメ、山いものおかかじょうゆ

味の決め手は「おかかじょうゆ」。おいしいかつお節を選んで、
しょうゆをほんの少したらし、サラサラにします。たったこれだけで、
旬の食材の持つ味や香りを、シンプルに堪能できます。

a

■材料（4～5人分）

菜の花……………………………………1束
ワカメ（もどした状態）……………1カップ
山いも…………………………………150g
塩……………………………………………適量
酢……………………………………………少々
削り節（上質なもの）……………………15g
しょうゆ…………………………………少々

■作り方

1 菜の花は塩ゆでし、花と葉のついた茎に切り分け、ひと口大に切る。
2 ワカメはひと口大に切る。
3 山いもは皮をむき、酢水につけて、水気をきる。長さ5cmのせん切りにする。
4 ボウルに削り節を入れ、ごく少量ずつ、しょうゆを加えながら混ぜていく。削り節にしょうゆを完全に吸わせ、サラサラの状態に仕上げる(a)（冷蔵庫で2～3日保存可）。
5 ①～④を器に盛り、全体を混ぜていただく。

よもぎ麩とゆであずき

柔らかくゆでたあずきに、氷砂糖と和三盆のほのかな甘み。
あずきの風味が際立つデザートです。
好みで、塩をひとつまみ入れてもいいでしょう。

a

■材料（作りやすい分量）

大納言あずき……………………………250g
氷砂糖…………………………………200g
和三盆糖 ………………………大さじ4〜5
よもぎ麩（生）…………………………1本

前もってしておくこと

あずきは軽く洗い、たっぷりの水にひと晩つけておく。

■作り方

1 ひと晩つけておいたあずきをざるに上げて水をきり、鍋に入れる。たっぷりの水を注いで中火にかけ、沸騰したらざるに上げて湯をきる。これを2〜3回繰り返し、「渋切り」をする。
2 ①のあずきを鍋に入れ、かぶるくらいの水を注ぎ、ふたをせずに中火にかける。沸騰したら弱火にし、あずきが柔らかくなるまで1時間半〜2時間くらい、静かにゆでる（豆の状態によって、もっと時間がかかる場合もある）。途中、水分が減って、あずきが水面から出そうな場合は、適宜水を足しながらゆでる。
3 別鍋に氷砂糖と和三盆糖を入れ（好みで塩ひとつまみを入れてもよい）、その上に②を汁ごと、静かに加える(a)。弱火にかけ、静かに15〜20分煮る。甘さをみて、足りなければ、氷砂糖2〜3個（分量外）を加えてもよい。
4 よもぎ麩は、好みの厚さで小口切りにする。
5 器に③を汁ごと盛り、よもぎ麩をのせる。

Part 10

寒い夜は、温かい鍋と日本酒がうれしい
シンプルな鍋を囲んで、冬の夜

これは冬から早春にかけての時期におすすめのおもてなしです。
まだ寒い時期なので、お客さまには、まず、タラちりをお出しして温まってもらい、
それから、でき上がった料理をどんどん出していくというスタイルです。
お酒は日本酒が合いますが、白ワインでも。鴨の料理は赤ワインにしてもいいでしょう。
この鍋はいわゆるおなかがいっぱいになる鍋ではなく、一品としての鍋。ほかの料理も
楽しめるよう、控えめなボリュームにしましょう。具はタラ、豆腐、せりと
シンプルにして、薬味をきかせたたれを鍋で一緒に温めながら、取り分けていただきます。
あっさりした鍋のあとは、アナゴのしそ湯葉巻きを。
これは湯葉がパリパリしている、揚げたてのあつあつをぜひ!
アナゴを湯葉で巻いて準備しておき、食べる直前に揚げるのがコツです。
白あえは大ぶりの野菜や、揚げかまぼこが入ったボリュームたっぷりのひと皿。
鴨の素焼きはフライパンで焼いただけの簡単な料理ですが、ごちそう感が出るのでおすすめ!
春を先取りしたそら豆ごはんは、小さめのおむすびに。お酒のあとの締めにもいいですね。
おもてなしの中心の、このどっしりした艶のある鍋は、伊賀の土楽窯の「黒鍋」です。

メニュー

- タラちり
- アナゴのしそ湯葉巻き
- 揚げかまぼこと野菜の白あえ
- 鴨の素焼き ゆずこしょう風味
- そら豆ごはん

タラちり

私は具がたくさん入った寄せ鍋より、こういうシンプルな鍋が好き。食べ飽きずに、
ほかの料理もおいしくいただけます。昆布は利尻か羅臼のもの、利尻なら二年物が好みです。
せりの代わりに、根みつばを使ってもいいでしょう。このたれは、冷蔵庫で2～3日保存できます。

■材料（5人分）

生タラ（切り身）…………………大3切れ
豆腐（木綿、または絹ごし）……………2丁
せり………………………………2～3束
ゆず…………………………………2個
昆布…………………………15～20cm 1枚
水…………適量（土鍋の大きさに合わせて）
〈たれ〉
長ねぎの粗みじん切り………………1本分
しょうがのみじん切り…………大1かけ分
ゆずの皮の粗みじん切り………………適量
しょうゆ………………………大さじ2～3
七味唐辛子…………………適量（好みで）
糸削り節………………………1～2パック
だし（かつお節で濃いめにとったもの、
または昆布だし）…………½～⅔カップ

■前もってしておくこと

土鍋に昆布と水を入れ、2時間ほどつけておく。

■作り方

1 生タラは1切れをそれぞれ半分に切る。
2 豆腐は6～8等分に切る。
3 せりは根を切って、長さを半分に切る。
4 ゆずは横半分に切る。
5 たれの材料を混ぜ合わせ、小さな器に入れる。
6 土鍋を火にかけて温め、⑤の器を中央に入れる。①、②を入れ、たれと豆腐が温まったら、せりは最後に加えてさっと火を通し、ふたをして食卓に運ぶ。各自が取り分け、たれをかけて④のゆずを搾っていただく。

アナゴのしそ湯葉巻き

準備しておいて、揚げたてを間髪入れずにいただくのが一番！
アナゴの代わりに、エビ、鶏ささ身、ホタテなどでも。
生湯葉が繊細なので、やさしい味のものが合います。

■材料（10本分）

生湯葉（幅が広いもの）……………5枚
アナゴ（生、頭を除いて開いてあるもの）
……………………………………2尾分
青じそ………………………………10枚
揚げ油（太白ごま油）………………適量
塩・粉山椒…………………………各適量

■作り方

1 生湯葉は長さを半分に切る。
2 アナゴは縦半分に切ってから、生湯葉の幅に合わせて切る。
3 ①に青じそとアナゴをのせてゆったりと巻く(a)。きつく巻くと、あとで破れやすい。
4 170℃の揚げ油に③を入れ、湯葉がカリッとするまで揚げる。
5 ④を器に盛り、塩と粉山椒を同量合わせ、添える。

a

揚げかまぼこと野菜の白あえ

コクのある揚げかまぼこがアクセントになった、サラダ感覚の白あえです。
あえ衣は、豆腐ではなく厚揚げを使うので、水きりいらずで、香ばしい味。
フードプロセッサーで作れるので簡単！　準備しておいて、食べる直前にあえます。

■材料（5人分）

グリーンアスパラガス……………………6本
にんじん………………………………小1本
スナップえんどう………………………10個
かまぼこ（上質なもの）……………1本
揚げ油（太白ごま油）………………適量

〈あえ衣、作りやすい分量〉

厚揚げ…………………1枚（または小2枚）
白ごまペースト…………………大さじ3
酒・しょうゆ…………………各大さじ1
塩…………………………………ひとつまみ

■作り方

1 アスパラガスは下⅓くらいの皮をむき、長さ5cmに切ってゆでて、水気をきる。
2 にんじんは長さ5cmの拍子木に切ってゆで、水気をきる。
3 スナップえんどうは筋を取り、ゆでて水気をきり、斜め半分に切る。
4 かまぼこは長さ5cmの拍子木に切り、170℃の揚げ油で濃いきつね色になるまで揚げる。（左写真参照）
5 あえ衣を作る。厚揚げは熱湯をかけて油抜きをし、8等分くらいに切る。あえ衣の残りの材料とともにフードプロセッサーに入れ、なめらかにする。
6 ボウルに⑤のあえ衣の約半量を入れ、好みで酢小さじ2（分量外）を加えて混ぜる。食べる直前に、①〜④を入れてあえる。

※残ったあえ衣は、冷蔵庫で2日ほど保存できます。

鴨の素焼き　ゆずこしょう風味

たった10分フライパンで焼くだけ！　鴨のおいしさをゆずこしょうの風味でシンプルに味わいます。焼くときに余分な脂をふき取るのがコツ。焼いたあとは、30分は休ませてから切り分けます。冷蔵庫には入れず、必ず室温において。

■材料（5人分）

鴨むね肉……………………1枚（300g）
ししとう……………2パック（約30本）
しょうゆ……………………………少々
ゆずこしょう………………………適量

■作り方

1 鴨肉はフォークで皮目全体に穴をあける。このとき、フォークの先が深く下までつくように刺す。

2 フライパンを油をひかずに熱し、鴨肉の皮目を下にして入れる。中火でじっくり、両面合わせて10分強焼き、途中、余分な脂が出てきたら、キッチンペーパーでふき取る。

3 焼き色がついて皮がパリパリになったら、バットにのせた網の上に取り出す。30分ほどそのままおいて、肉汁を落とし、粗熱を取り休ませる(a)（網は斜めにするとよく落ちる）。

4 ししとうは網焼きし、熱いうちに水にさっととり、水気をしぼる(b)。ボウルに入れ、しょうゆをたらしてあえる。

5 ③の皮目を下にしてまな板に置き、好みの厚さにスライスする。

6 器に④のししとうと、⑤の鴨肉を皮目をそろえて盛り、ゆずこしょうを添える。

a

b

a

そら豆ごはん

出始めのそら豆を入れた彩りのいいごはんを、小さめのおむすびに。
そら豆は最初から炊き込むと柔らかくなりすぎて、色も悪くなるので、
炊き上がる5分前に加えるのがコツ。お漬け物とほうじ茶を添えて。

■材料（6〜7人分）

米……………………………3.5合
そら豆（さやつき）……………20本
A｜塩……………………ひとつまみ
　｜酒………………大さじ2〜3
塩…………………………………適量
きゅうり、セロリの古漬けなど
好みの漬け物……………………適量
しょうがのすりおろし…………少々

■作り方

1 米は炊く30分前にとぎ、ざるに上げておく。
2 そら豆はさやから取り出し、薄皮もむいておく。
3 炊飯器に米を入れ、Aを加えて混ぜる。いつもの目盛りまで水を注ぎ、普通に炊く。炊き上がる5分前にそら豆を全体に散らしてのせ、炊き上げる。
4 炊き上がったら全体を混ぜ、手に塩をつけて小さなおむすびにする(a)。
5 古漬けは薄切りにし、しょうがを加えて混ぜる。
6 器におむすびを盛り、⑤を添える。

Part 11

中鉢、小鉢で、つまみを楽しむ大人の集まり
日本酒を飲みつつ、あれこれつまむ和食

「今日は日本酒で」というお集まりには、料理も和風でまとめることにしています。
料理は和洋折衷にしないほうが、私は好きです。
そして飲みつつ食べつつ、簡単なものでもいろいろとおつまみがあるほうが楽しいもの。
今回もおつまみにもなるし、おかずにもなるような料理を、ちょこちょことたくさん並べました。数多く作る代わりに、料理はできるだけ簡単なものにしましょう。
そら豆、ふき、菜の花など、春の旬の野菜を中心にして、アサリや生タラコなどの魚介類を加えました。和食とはいえ、肉を少し加えるのもコツ。
ふきを豚肉で巻いたり、かき揚げにひき肉を加えて、満足感が出るようひと工夫します。
そして最後はやっぱり、締めのごはんを！ 白いごはんだとおかずがいるので、
ごく簡単な混ぜごはんにします。冷蔵庫にあるものでさっと作れる程度がいいですね。
これにおいしいほうじ茶があれば、きっと満足していただけます。
食卓に並ぶ器の数も多くなりますが、ごちゃごちゃしないよう、たとえば、折敷を使い、
器は色味を同じくして、シンプルなデザインのものを合わせるとすっきりします。
ぐい飲みはいくつか用意して、お好みのものを選んでもらうと楽しいですね。

メニュー

- 最初のつまみ3品
  - そら豆とグリーンピースのうす甘煮
  - 貝割れ菜のおひたし
  - アジときゅうりの博多押し
- ふきの豚肉巻き
- イクラのおろしあえ
- 長いもとアサリの木の芽あえ
- 菊菜と菜の花の酢みそがけ
- にんじんの葉と根菜とひき肉のかき揚げ
- 青菜と油揚げの煮びたし
- 生タラコの煮物
- ふきの葉の塩炒りとたくあんの混ぜごはん

最初のつまみ3品

アジときゅうりの博多押しだけは、前日から準備します。昆布締めよりさわやかな味わいで、見た目もとても美しい。そら豆とグリーンピースのうす甘煮は、ほのかな甘みが特徴。塩味のものが多いおつまみの中で、ほっとできる味です。貝割れ菜のおひたしは、だしの味を効かせて。

そら豆とグリーンピースのうす甘煮

■材料（4～5人分）

そら豆（薄皮をむいたもの）………1カップ
グリーンピース（さやから出したもの）
……………………………………1カップ
A｜水…………………………………適量
｜酒…………………………水の ⅓ 量
｜砂糖………………………大さじ3～4
｜塩……………………………小さじ½
※豆はどちらか1種類でも。新鮮さが大事。

■作り方

1 豆類をそれぞれ柔らかくゆでる。
2 鍋に①を入れ、Aの水をひたひたになるまで注ぐ。豆をざるにあけて水の量を計り、⅓量が酒になるように計量し、⅓量の水を減らす。豆と水と酒を鍋に戻す。Aの砂糖と塩を加え、中火にかける。ひと煮立ちさせたら、すぐ火を止める。
3 器に盛り、ほの温かい状態でいただく。
※冷たくして食べるときは、②をボウルに移し、冷水で冷まし、冷蔵庫に(a)。

a

貝割れ菜のおひたし

■材料（4人分）

貝割れ菜………………………………2束
塩………………………………………少々
A｜濃いめにとったかつおだし……⅔カップ
｜塩………………………小さじ⅓～½
｜しょうゆ…………………………数滴
糸がつお………………………………適量

■作り方

1 貝割れ菜は根を切って、よく洗う。
2 小さいステンレスのざるに向きをそろえて入れ、ざるごと、塩を加えた熱湯でさっとゆでる。取り出して水にとり、水分をよくしぼる。
3 ボウルにAを入れて混ぜ、②を浸す。
4 ③を器に盛り、糸がつおをのせる。

アジときゅうりの博多押し

■材料（4～5人分）

アジ………………………………3～4尾
塩………………………………………適量
酢………………………………………適量
きゅうり………………………………3本
白板昆布………………………………4枚
しょうがのせん切り…………………適量

■前もってしておくこと

前日に⑤まで作って冷蔵庫にひと晩おく。

■作り方

1 アジは頭、エラ、内臓を取って洗い、3枚におろす。腹骨を取り除き、バットに並べて塩をふり20分ほどおき、小骨を抜く。酢をひたひたになるまで注いでラップをし、冷蔵庫に入れ、好みの締め具合になるまで、10分～1時間おく。
2 きゅうりは斜め薄切りにし、塩水に浸し、水分をよくしぼる（おく時間が短い場合は塩分を濃いめに、長い場合は薄めに）。
3 アジをバットから取り出し、軽く酢をふく。頭側から皮をはぎ、身の大きさによって、2～3等分のそぎ切りにする。
4 保存容器にラップを大きめに敷き（あとで包めるように）、アジの半量、きゅうりの半量、白板昆布の半量の順に重ねる。これをもう1回繰り返し、ラップで包む(a)。
5 ひと回り小さいサイズの同じ保存容器を重しがわりにのせ、輪ゴムでしっかり縛る。冷蔵庫に入れて、ひと晩おく。
6 保存容器からラップごと取り出し、まな板の上で上下を返す。食べやすい大きさに切り分けて(b)、器に盛り、しょうがのせん切りをたっぷりとのせる。

a

b

ふきの豚肉巻き

ふきといえば煮物しか思いつかないことが多いですが、ゆでたふきを豚肉で巻き、
フライパンで焼きつけます。香ばしい肉とふきの独特の味がなんともおいしい。
途中、余分な脂をふき取るのがコツ。脂っぽさがなくなって、仕上がりの味がすっきりします。

■材料（4〜5人分）

豚バラ薄切り肉……………………………200g
ふき…………………………………………1束
粗塩 ………………………………………… 適量
オリーブオイル ………………………… 適量
しょうゆ……………………… 大さじ2〜3

■前もってしておくこと

塩で板ずりしたふきをゆで、水にさらしてアクを抜く（作り方①②参照）。

a

■作り方

1 ふきは葉と茎を切り分け、葉は「ふきの葉の塩炒りとたくあんの混ぜごはん」（P.111 参照）に使う。
2 茎は鍋に横に入る長さに切り、粗塩をひとつかみふり、板ずりする。そのまま熱湯に入れてゆで、冷水にとって冷ます。水の中で皮をむき、水をはった別のボウルに入れ、20〜30分ほどさらしてアクをおさめる。
3 ②のふきをフライパンに入る長さに切りそろえ、太いものは1本で、細いものは適宜2〜3本をまとめ、豚バラ肉で斜めにしっかりと巻く(a)。
4 フライパンにオリーブオイルを熱し、③の巻き終わりの部分を下にして焼き付け、転がしながら焼く。途中、余分な脂が出てきたら、キッチンペーパーでふき取り、最後にしょうゆを加えてからめる。
5 ④を長さ5〜6㎝に切り分け、器に立てて盛る。

イクラのおろしあえ

これはあっという間に作れるおつまみのひとつ。市販のイクラのしょうゆ漬けを、
大根おろしと混ぜるだけです。大根おろしは好みによって、鬼おろしなどで
粗くおろしても。おろしたあとはざるに入れて、余分な水分を軽くきってください。

■材料（4人分）

イクラのしょうゆ漬け（市販）…………100g
大根おろし…………………………1カップ

■作り方

1 大根おろしはざるに入れ、水分をほどよくきる。
2 ①にイクラのしょうゆ漬けを加え、軽く混ぜる。

長いもとアサリの木の芽あえ

アサリは蒸し汁の中に入れたまま、冷まします。こうすれば、アサリの身がパサパサにならず、しっとりと仕上がります。

■材料（4人分）

アサリ(殻つき)……300g
長いも………………100g
木の芽……………10枚
酒……………大さじ3
酢……………小さじ1
塩…………………適量

■前もってしておくこと

アサリはP.35を参照し、ひと晩砂出ししておく。

■作り方

1 アサリは殻をこすり合わせてよく洗い、鍋に入れて酒を加え、ふたをして火にかける。アサリの口が開いたら火を止め、アサリの身を殻から取り出し、蒸し汁はさらしの布でこしてボウルに移す。アサリの身を蒸し汁に浸して、そのまま冷ます。
2 長いもは皮をむいて1cm角に切り、酢水（分量外）につけておく。
3 木の芽はみじん切りにする。
4 ②の長いもの水気をきってボウルに入れ、①の蒸し汁を大さじ1加えて混ぜる。アサリの身、③の木の芽、酢、塩ひとつまみを加えてあえる。
5 器に盛り、あれば木の芽の小枝（分量外）を飾る。

菊菜と菜の花の酢みそがけ

菊菜の香りと菜の花のほろ苦さが、酢みそとよく合います。好みで、ゆでたイカなどを加えてもおいしいです。

■材料（4～5人分）

菊菜（または春菊）
……………………½束
菜の花………………1束
塩…………………少々

〈酢みそ〉
こうじみそ……大さじ3
酢………………大さじ1
メープルシロップ
（エキストラライト）
……………小さじ2～3
（または煮きりみりん
……………小さじ2～3）

■作り方

1 菊菜と菜の花はそれぞれ塩ゆでし、冷水にとって冷まし、水気をしぼる。長さ4～5cmに切る。
2 ①を器に盛り、混ぜ合わせた酢みそをかける。

にんじんの葉と根菜とひき肉のかき揚げ

歯ごたえのある根菜にひき肉を混ぜて揚げる、珍しいかき揚げです。
にんじんの葉で香りのよさを出しますが、春菊やみつばなどでも。
ちりめんじゃこを加えてもおいしい。

■材料（4人分）

にんじんの葉（なければ春菊、みつば、せり、セロリの葉など）……… ひとつかみ
れんこん …………………………… ½節
ごぼう ……………………………… ½本
酢 …………………………………… 少々
豚ひき肉 …………………………… 150g
A ｜ 卵 ……………………………… 1個
　｜ 小麦粉 ………………… 大さじ3～4
揚げ油 ……………………………… 適量
B ｜ 塩・粉山椒 ………… 各適量（混ぜる）

■作り方

1 にんじんの葉はざく切り、れんこんはいちょう切り、ごぼうはやや厚めの斜め切りにする。れんこんとごぼうは酢水につけて、水気をきる。
2 ボウルにAを入れて混ぜ合わせ、豚ひき肉、①を加えてざっと混ぜる。
3 平たいスプーンやへらなどに②をひと口大ずつのせて、165～170℃の揚げ油に箸で滑らせるように入れる(a)。鍋の表面いっぱいに入れてもOK。最初は触らないで、表面が固まったら返し、カラッとなるまで揚げて、油をきる。
4 器に盛り、Bの山椒塩をふっていただく。

a

青菜と油揚げの煮びたし

油揚げと青菜をさっと煮上げただけの温かい一品。
青菜の色は時間がたつと悪くなるので、
色鮮やかなうちに、おいしいおだしとともにどうぞ。

■材料（4人分）

小松菜……………………1束
油揚げ……………………2枚
A　だし………1½カップ
　　酒…………大さじ2
　　しょうゆ……大さじ1
　　塩…………小さじ⅔

■作り方

1 小松菜は根元を切り落とし、長さ4～5cmに切る。
2 油揚げは沸騰した湯にくぐらせて油抜きをし、両手にはさんで押さえて水気をきり、2～3cm角に切る。
3 鍋にAを入れて煮立て、油揚げを入れて再び煮立ったら火を弱め、軽く煮る。小松菜を加えてさっと火を通し、器に煮汁ごと盛る。

生タラコの煮物

うすいしょうゆ味の生タラコに、
ゆずの皮のさわやかな香りがよく合います。
落としぶたに生タラコがくっつかないよう、
オーブンシートをはさんでください。

■材料（4人分）

生タラコ……………………2腹
A　かつおだし………1カップ
　　酒………………½カップ
　　しょうゆ…………大さじ1
　　煮きりみりん……大さじ2
　　塩……………………適量
ゆずの皮のせん切り………適量

■作り方

1 生タラコは、血の筋に沿って包丁の先で傷つけないように血を出し、塩水で洗い、ひと口大に切る。
2 鍋にAを入れて煮立て、①を入れて再び煮立ったら火を弱め、オーブンシートでおおい(a)、木の落としぶたをする。生タラコに火が通るまで静かに煮る。
3 ②を煮汁ごと器に盛り、ゆずの皮のせん切りを飾る。

a

ふきの葉の塩炒りとたくあんの混ぜごはん

ふきの葉の塩炒りは、旬の時期になるといつも作る
定番のふりかけで、冷蔵庫に常備しています。
刻んだたくあんとともに、締めの混ぜごはんに。

■材料（5〜6人分）

〈ふきの葉の塩炒り〉

ふきの葉 …………………… 適量(4枚以上)
塩 …………………………………… 適量

〈混ぜごはん〉

炊きたてのごはん ………………… 3合分
たくあん……………………………… 10cm
「ふきの葉の塩炒り」(上記参照)…… 適量
金ごま(国産) …………………… ½カップ

■前もってしておくこと

ふきの葉の塩炒りを作っておく。冷蔵庫で1週間ほど保存できる。(作り方①参照)

■作り方

1 ふきの葉は塩少々を加えた熱湯でゆで、冷水にとって15分ほどさらしたあと、水気をしぼり、葉脈に沿って5cm幅に切り、重ねて細く切る。厚手の鍋でから炒りして水分をよく飛ばし、最後に塩を加えて混ぜる。
2 たくあんは長さ5cmのせん切りにする。
3 ごはんにたくあん、①のふきの葉の塩炒り、金ごまを加えて混ぜ、器に盛る。

前菜、メイン、アラカルト11品

単品でおすすめの11品をご紹介します。メニューを考えているとき、
何か一品足したいなと思ったときのご参考に！

エビのガスパチョ

トマトと赤パプリカのスープにエビと野菜のみじん切りを加え、アボカドとハーブ類をたっぷりのせました。
ボリュームと食感、香りがぐんとアップしたガスパチョです。

■材料（4人分）

トマト（完熟）……………………3～4個
パプリカ（赤）……………………1個
にんにく……………………1～2片
A
- エビ……………………8尾
- セロリ……………………13～14cm
- 紫玉ねぎ……………………½個
- 赤唐辛子……………………2本

B
- ミント・イタリアンパセリ・香菜……………………各適量

アボカド……………………1～2個
レモン汁……………………大さじ2強
C
- タバスコ……………………適量
- レモン汁……………………大さじ2
- 塩……………………少量

オリーブオイル……………………大さじ3

■作り方

1 トマトはざく切りにする。パプリカはへたと種を取り、ざく切りにする。にんにくは薄皮を取る。
2 Aの下準備をする。エビは背ワタを取り、ゆでて殻をむき、5mm幅に切る。セロリは筋を取り、粗みじんに。紫玉ねぎも粗みじんに切る。赤唐辛子は種を取り、小口切りにする。
3 Bはすべてを合わせて粗みじんに切る。
4 アボカドは縦半分に切って種を取る。皮をむいてひと口大に切り、レモン汁であえておく。
5 ①をフードプロセッサーでざっくりと攪拌する。Cを加えて軽く攪拌し、ボウルに移し、②を加えて軽く混ぜる。
6 4つの器にそれぞれ⑤を入れ、④のアボカド、③のハーブをのせ、オリーブオイルをたらす。

タブーレ

大好きなレバノン料理のひとつで、驚くほどミントとパセリを使うヘルシーなサラダです。
本来はひきわり小麦を入れますが、日本ではなかなか手に入らないのでクスクスで作り、
つぶつぶした食感を楽しみます。

■材料（4人分）

クスクス・熱湯……………各大さじ6～8
オリーブオイル………………大さじ4～6
ミントの葉・イタリアンパセリの葉
……………………各片手のひら2杯分
香菜 ……………………………6本
ミニトマト………………………20個
紫玉ねぎ ………………………½個
A｜クミンパウダー………………小さじ1
｜レモン汁……………………大さじ4～6
｜オリーブオイル………………大さじ4
｜塩 ……………………………適量

■作り方

1 鍋にクスクスを入れ、同量の熱湯を加えてよく混ぜ、ふたをして7～8分ほどおく。これを中火にかけ、オリーブオイルを回しかけ、サラサラになるまで炒める。
2 ミントとイタリアンパセリ、香菜は合わせてざく切りにする。
3 ミニトマトはへたを取り、半分に切る。紫玉ねぎはみじん切りにする。
4 冷ました①と、②、③、Aを合わせて混ぜ、器に盛る。

辛くて熱いトマトスープ

うま味たっぷりのトマトの水煮に、フレッシュなトマトをプラスすることで、
辛味の中に、酸味と甘みをたっぷり感じる味になります。
煮詰めれば、パスタや肉、魚のソースに。

■材料（5～6人分）

ミニトマト	20個
トマトの水煮缶	2缶
玉ねぎ	½個
にんにくのみじん切り	2片分
赤唐辛子	2本
オリーブオイル	大さじ2
塩・こしょう	各適量

■作り方

1 ミニトマトは皮を湯むきにし、ざく切りにする。
2 玉ねぎはみじん切りにする。
3 鍋で玉ねぎとにんにくのみじん切りをオリーブオイルで軽く炒めて、トマトの水煮をつぶしながら入れ、種を取った赤唐辛子を加え、約15分煮る。
4 ①のトマトを加えて温め、塩、こしょうで調味する。器に盛り、オリーブオイル（分量外）を回しかける。

焼きなすのバジルソース

焼きなすのイタリア版。みじん切りにしたフレッシュなバジルと、
にんにくの香りが食欲をそそります。冷たい白ワインにもぴったり！
オリーブオイルはおいしいものを選んでください。

■材料（4〜6人分）

なす……………………8個
＜バジルソース＞
バジル…………………4枚
にんにく………………2片
ミニトマト……………12個
塩………………………適量
オリーブオイル………適量

■作り方

1 なすはよく熱した網の上に並べ、強火で、少しずつ回しながら、皮が真っ黒になるくらいに焼く。竹串で下からへたに向かって皮をむき、へたを切る。竹串で縦4〜6等分に裂く（決して水にとらないこと）。
2 バジルソースを作る。バジルは葉をちぎり、にんにくとともにみじん切りにする。ミニトマトは4等分に切る。ボウルに入れ、塩、オリーブオイルを加えてあえる。
3 焼きなすを器に盛り、②のバジルソースをかける。

アボカドとみょうがのレモンしょうゆ

意外な組み合わせですが、濃厚なアボカドと、
香りのいいみょうがは相性抜群！
アボカドにたっぷりとレモンを搾るのがポイントです。
作ったらすぐスプーンですくいながら召し上がってください。

■材料（4人分）

アボカド………………2個
みょうが………………6個
レモン…………………2個
しょうゆ………………適量

■作り方

1 アボカドは縦半分に切って、種を取る。
2 みょうがは小口切りにし、さっと氷水にさらして水気をきる。
3 レモンは半割りにする。
4 アボカドにレモンをたっぷり搾ってみょうがをのせ、しょうゆを少しかける。

白身魚のレモンマリネ

よく冷えたシャンパンや白ワインにぴったりの魚のマリネ。
前菜にもメインにもなります。レモンの代わりに
ライムでマリネして、香菜を加えるとエスニック風に。

■材料（4人分）

白身魚の刺身……………………400g
塩……………………………………適量
レモン（国産、ノーワックスのもの）
……………………………………2個
紫玉ねぎ…………………………1個
生赤唐辛子（または乾燥赤唐辛子）
……………………………………1～2本
パセリのみじん切り
……………………………大さじ1～2
オリーブオイル…………大さじ4～5

■作り方

1 白身魚（写真はアラ）は、塩とレモン1個分の搾り汁でひと晩マリネする。
2 レモン1個、紫玉ねぎはスライサーで薄切りにする。生赤唐辛子は種を取って、小口切りにする。生がない場合は、ドライをぬるま湯につけて柔らかくしてから使用。
3 ①、②を器に盛り、軽く塩をふり、パセリのみじん切りをふり、オリーブオイルを回しかける

※塩は、あればFin Grisがおすすめです。

季節のフルーツのピッツァ

ジュワーッと広がる果実の甘酸っぱさ！
40～41ページと同じ作り方のピッツァ生地の上に季節の果物、チョコレート、マスカルポーネをのせて焼き上げました。
チョコはフルーツによって、ブラックとホワイトを使い分けて。
必ず焼きたてを召し上がってくださいね。

■材料（２枚分）

＜ピッツァの生地＞

強力粉……………………………120g
薄力粉……………………………120g
ドライイースト……………………４g
グラニュー糖……………小さじ２
水……………………………190～200㎖
打ち粉（強力粉）………………適量
オリーブオイル（ボウルに塗る）少々

A
- いちじく……………………４個
- ブルーベリー………10～15粒
- ブラックチョコレート……１枚
- マスカルポーネチーズ……70g

B
- プラム……………………５個
- アメリカンチェリー…10～15粒
- ホワイトチョコレート……１枚
- マスカルポーネチーズ……５個

グラニュー糖・粉糖………各適量

■作り方

（生地の作り方はP.40～41のピッツァの項と同じ・室温発酵参照）

1. P.40の手順に従って、ピッツァの生地をP.41の⑧まで作る。
2. 表面をきれいに丸めたら、オリーブオイル少々を塗った大きめのボウルに入れ、ラップをする。暖かい場所（約30℃）に約１時間おき、約３倍に膨らむまで発酵させる。
3. 膨らんだ生地の真ん中に、握りこぶしを軽く入れ、スケッパーで生地を半分に切り分けて、手粉をつけてそれぞれ丸める。
4. ③をオーブンシートの上にのせ、１～1.5㎝の厚さのだ円形にのばす。生地のまわりのシートを切る。
5. 天板をオーブンのいちばん下に直接置き、250～300℃（最高温度）に予熱しておく。
6. Aのいちじくは４等分に切り、Bのプラムとアメリカンチェリーはそれぞれ半分に切って、種を取る。チョレコートはそれぞれ手で適当な大きさに割っておく。
7. ④の生地の１枚にAを散らし、もう１枚にBを散らす。それぞれ上からグラニュー糖をかける。
8. ⑦をオーブンシートごと薄い木の板などにのせ、予熱したオーブンの天板に滑らせて入れる。焼き色がつくまで、様子を見ながら焼き上げる（10～15分）。
9. 茶こしで粉糖をふって仕上げる。

チャーシュー

香ばしさの秘密はみそが入ったコクのあるたれ。
このたれに豚肉をひと晩漬けて、オーブンで脂を落としながらこんがりと焼きます。
焼き上がったら熱いうちに切り分けていただきます。香りのいい野菜とよく合いますよ。

■材料（作りやすい分量）

豚肩ロース肉（ブロック）…………約500g
長ねぎ・セロリ・香菜……………各適量
＜たれ＞
紹興酒……………………………¼カップ
しょうゆ…………………………¼カップ
みそ………………………………⅓カップ
砂糖（またはメープルシュガー）
……………………………………大さじ3
溶き卵……………………………½個分
にんにくのすりおろし……………2片分
しょうがのすりおろし……………2かけ分

■作り方

1 豚肉は繊維に沿って、厚さ4～5㎝、3ブロックくらいに切り分ける。
2 たれの材料を混ぜ合わせ、①の肉を漬けて、ひと晩冷蔵庫に入れておく。
3 ②の肉を取り出して、室温にもどす。オーブンを230℃に予熱し、網をのせた天板に肉をのせ、ときどき返しながら15分焼く。
4 たれにもう一度漬けて全体にからめ、再びオーブンで10～15分焼く。途中、焦げそうな場合は、温度を少し下げる。全体がこんがりとしたら焼き上がり。
5 長ねぎとセロリは斜め薄切りにし、香菜はちぎる。
6 肉が焼き上がったら熱いうちに切り分け、野菜とともに器に盛る。

にんにくしょうゆ焼きのチキン

焼くときに脂が落ちるので、さっぱりとヘルシーなひと品。
みんなが大好きな味のチキンで、パン、クスクス、ごはんと、なんにでも合います。
鶏は１羽をさばくか、いろいろな部位を使ってください。

■材料（作りやすい分量）

さばいた鶏肉（もも肉、胸肉、手羽など）……………………各適量

＜にんにくしょうゆのたれ＞

にんにくのすりおろし………………適量

しょうゆ…………………………適量

■作り方

1 たれの材料を混ぜ、鶏肉にからめて30分〜1時間おく。

2 網をのせた天板に①をのせ、200℃のオーブンに入れ、20分ほど焼く。

3 いったん取り出して、たれを再びからめる。オーブンに戻してさらに15〜20分ほど、皮がカリカリになるように焼く。

豚肉のポットロースト

肉が焼き上がるときに、部屋中に
とってもいいハーブの香りが広がります。
最初は鍋ごと出し、それから
切り分けて器に盛ると、
見た目にも豪華なおもてなしに。
家族にも人気の
メインディッシュです。
■材料（5～6人分）

豚肉のブロック（ロース、または肩ロース）… 約800g
A ｜ メープルシュガー（または砂糖）……………12g
　｜ 塩……………………………………………12g
クローブパウダー ………………………… 大さじ2
ローリエ・ローズマリー・塩 ……………… 各適量

■作り方

1 豚肉は、あとで切りやすいように、脂身に1～1.5cm幅で切り込みを入れ、Aを全体によくまぶす。冷蔵庫に入れて、ひと晩おく。
2 肉を室温にもどし、クローブパウダーを全体にすり込む。フライパンで脂の面をこんがりと焼く。出た脂と一緒に、オーブンに入れられる鍋に、脂身を上にして入れ、ふたをする。
3 160℃のオーブンに入れ、1時間半から2時間焼く。竹串を刺してすっと通ればOK。
4 肉のまわりにローリエとローズマリーを入れ、ふたをしないで再びオーブンに入れて、 ハーブの香りが広がるまで軽く焼き、鍋を取り出す。
5 鍋のまま、肉を30分休ませたのち、切り込みに沿って切り分け、器に盛る。
6 りんごのキャラメルソテー（左記参照）とともに、好みで塩をつけながらいただく。

りんごのキャラメルソテー

■材料（5～6人分）

りんご（紅玉）……………………………… 2個
バター…………………………………………50g
メープルシュガー………………………… 大さじ5
（またはメープルシロップ……………大さじ3強）
シナモンパウダー ………………………… 適量

■作り方

1 りんごは皮ごと、クシ形に切る（皮がかたければむく）。
2 フライパンにバターとメープルシュガーを入れて火にかけてよく溶かす。
3 ②のフライパンにりんごを入れて焼き、②を少し焦がしながらからめる。
4 取り出して、シナセンバウダーをふる。

カマスの混ぜごはん

夏が旬のカマスの干物と実山椒などを混ぜるだけの簡単なごはん。
たくあんの古漬けのような発酵食品を少し加えると、味に深みが出ます。
抹茶入りの煎茶を冷蔵庫で水出しして、
鮮やかな緑色と冷たさを一緒に楽しんでいただいてもいいですね。

■材料（4人分）

米……………………………2合
カマスの干物………………2枚
実山椒のつくだ煮…………適量
たくあんの古漬けのみじん切り
（あれば）…………………適量
もみのり……………………適量
きゅうりやかぶのぬか漬け、
みょうがの梅酢漬けなど、好み
の漬け物……………………適量

■作り方

1 米は普通の水かげんで炊く。
2 ごはんが炊き上がったら熱いうちに、カマス、実山椒のつくだ煮、あればたくあんの古漬けを加え、こねないようにして混ぜる。
3 葉っぱを敷いたかごに盛り、もみのりをふる。好みのお漬け物を添える。

「集まる」テーブルセッティングのちょっとしたコツ

今回使った器のこと

お料理によって器のセッティングは当然変わってきます。テーブルの上が少しでもきれいにおいしそうに見えるよう、あれこれ考えています。私はいつも、料理をイメージして選んだ器を、まずテーブルに置いてみることから始めます。

折敷でまとめる

塗りの折敷は和食に、板のプレートは和洋食に。気軽に使え、さっとふくだけですむのもいいところ。器や料理を端正に、美しく見せてくれます。

折敷があると、テーブルがきちんとまとまる

ばらばらと散漫に見える食卓も、折敷を人数分並べ、器をのせると、たちまちきりっと美しくまとまります。和食には、布目のある漆の正方形の折敷を愛用。かしこまりすぎないところも日常使いにぴったり。

織部のグリーンでまとめ、白で〝抜き〟を作る

織部の器は普段もよく使いますが、こんなふうに、織部の緑色だけのセッティングは、お集まりならでは。取り皿を白にして合わせると、すっきりします。銅の酒器を合わせ、和なのにモダンなテーブルに。

白い器を中心にして、黒や深い緑色でしめる

こちらは器を白を中心にまとめ、濃い色合いの器や箸、折敷を合わせ、きりっとすがすがしい食卓に。白は、何色とも合わせやすく、料理も映える重宝な色だけに、なんとなく使わないで、イメージをもって合わせるとよいでしょう。

色でまとめる

料理が映える色の器は、どうしても増えてしまいます。陶芸家の黒田泰蔵さんの白と織部のグリーンはその筆頭。にぎやかな色も楽しいですが、シックにまとめるのもきれい。

大小のボードで食卓に変化を

大小、形もさまざまなカッティングボードや板を何枚も持っています。何かを切るだけではなく、ときには皿代わりに。素材も形も食卓に変化がついて楽しいですよ。

細長い形や変形の板は、テーブルにリズムをもたらす

オリーブの板は、いろいろな用途に使っています。形も大きさもさまざまですし、板の模様がなんとも美しいのが魅力。ひとつとして同じものはないのですから、わざと変形のものを選ぶのも楽しいですね。丸い器が多くなりがちな食卓に変化と迫力が生まれます。

木の肌合いが、陶器とは違う、ラフさと洒落気を生み出す

上は肌合いがきれいなメープルのボード。さまざまな種類の木のボードは、ワイルド感があり、かっこうよく、パンやサンドイッチ、焼き菓子なども、素朴でおいしそうに見せてくれます。小さいサイズのボードはチーズや果物に。

箸、サーバーは重要な脇役

箸、カトラリーはごくシンプルなものをそろえています。
サーバーは逆に遊び心のあるものが楽しい！

細長い形がきれいなシンプルな箸、取り箸

各自のお箸、取り箸は黒のシンプルなものにしています。どんな器や箸置きにも合い、お客さまのときも上品なたたずまい。ただ、このお箸の作家さんが、今はもう作っていないので、うちにもあるだけになってしまいました。

サーバーは、機能美と遊び心で

使いにくいものはもとより求めませんが、旅先で気に入ったものを見つけると、つい買ってしまいます。右のステンレスのものはイタリア製。中央はオリーブの木と、水牛の角でできたもの。左のトングはメープル製で、軽やかなデザイン。

おわりに

人を食事に招く、となると、まず頭を悩ませるのがメニュー作りではないでしょうか。私の場合は、まず核になる料理を一つか二つ決めます。ぜひ食べたい季節の素材であったり、今凝っているものであったり、いろいろです。それはメインとは限らず、前菜や副菜、あるいはお酒のことも。出す順番を考えてシミュレーションしてみるのもよい方法です。食べたつもりで次の料理を考えていくと、イメージがつかみやすくなります。

メニューの次に大切なのは段取り。前もって作るもの、当日に作るものと、時間差で用意できるメニュー立てで、気持ちも時間も余裕が持てます。使う器やグラス、小物類はまとめておくと、頭の整理もできます。こんなちょっとした心づもりで、集まりの料理がスムーズになります。

はじめはぎこちなくても、繰り返しているうちにお客さまを迎えるのが生活の一部になって、暮らしにリズムが生まれます。自宅に招いたり招かれたりのおつきあいは、人生を豊かにしてくれるものだと実感しています。

この本が、皆さまのお集まりの参考に少しでもなれば、嬉しい限りです。ご一緒にこの本を作った、カメラの竹内章雄さん、デザイナーの山下知子さん、ライターの海出正子さん、スタイリストの千葉美枝子さん、編集の津川洋子さん、皆さまに心から感謝申し上げます。

索引

Profile

有元葉子（ありもと　ようこ）

3人の娘を育てるかたわら、創刊まもない「LEE」（集英社）で、
料理家としてのキャリアを歩み始める。
現在は、日本と海外を行き来しながら、「éclat」（集英社）をはじめとする
女性誌、料理教室、テレビ、新聞、商品の企画、開発、
企業へのレシピ提供など、多方面にわたって活躍。
〝家庭料理のよさ、楽しさは、確かな素材や調味料を自ら選べること〟
と、理にかなったおいしい料理を提案し続けている。
また、センスのよい、意思のある暮らしぶりに惹かれるファンも多い。
自身の店「shop 281」には、愛用の道具や器、調味料が揃う。
暮らしをていねいに見つめた『大切にしたい モノとコト』が同時発売。
『決定版253レシピ ようこそ、私のキッチンへ』
『決定版127レシピ おやつの時間にようこそ』『有元葉子の魚料理』
『暮らしを変えたい！-衣食住50のヒント-』など（すべて小社刊）。
www.arimotoyoko.com

撮影／竹内章雄
スタイリング／有元葉子　千葉美枝子（P112～121）
編集協力／海出正子
デザイン／山下知子　佐藤由美子　大髙早智（GRACE.inc）

家族と。友人と。
みんなで集まる日のごはん

発行日　2014年11月10日　第1刷発行
発行日　2016年1月17日　第4刷発行

著　者　有元葉子

発行人　田中恵
発行所　株式会社　集英社
〒101-8050　東京都千代田区一ツ橋2-5-10
電　話　（編集部）03-3230-6250
（読者係）03-3230-6080
（販売部）03-3230-6393（書店専用）
印刷所　凸版印刷株式会社
製本所　凸版印刷株式会社

造本には十分注意しておりますが、乱丁・落丁（本のページ順序の間違いや抜け落ち）の場合はお取り替えいたします。
購入された書店名を明記して、小社読者係宛にお送りください。送料は小社負担でお取り替えいたします。
ただし、古書店で購入されたものについては、お取り替えできません。
本書の一部あるいは全部を無断で複写・複製することは、法律で認められた場合を除き、著作権の侵害となります。
また、業者など、読者本人以外による本書のデジタル化は、いかなる場合でも一切認められませんのでご注意ください。

©Yoko Arimoto 2014 Printed in Japan
ISBN 978-4-08-333137-4　C2077
定価はカバーに表示してあります。